ちくま新書

英語の思考法

——話すための文法・文化レッスン

井上逸兵
Inoue Ippei

JN052144

英語の思考法——話すための文法・文化レッスン【目次】

謝罪

はじめに

牛タンいくつ?

　アメリカ在住のある日本人女性Aさんの話。おいしいものが大好きな彼女は、ある日地元の友人からおいしいと評判の牛タンの店があると聞きつけて、いてもたってもいられず車を走らせた。

　牛タン(tongue)は日本の焼肉店などでも人気のメニューで、牛タン料理の専門店があるほどだが、アメリカのこの店はレストランではなく、お肉屋さんのように牛タンを売っていると聞いていた。

　店に入ってさっそく牛タンを注文すると、店員のおじさんに "How many?" と訊かれる。Aさんは、「"How many?"...? いくつ?ってどういうこと? 何皿ってこと? 何パック?」とよく理解できなかったが、とりあえず適当に "two" と答えると、なんと、おじさんは巨大な牛の舌をまるごと二つ、ドンと出してきた。

　初めてこれを目にしたAさんは腰を抜かすほど驚いた。たしかにこれは牛の舌二つだ! アメリカではこんなふうに牛タンを売ってるんだ! と舌を巻いたという(タンだけに)。

　大半の日本人は、牛タンと言えば、食料品店や飲食店で見るようなスライスした牛タンをイメージするだろう。グラム単位など重さで売るならわかりそうなものだ

が、スライスしたものを一枚、二枚で売っているとは考えにくいので、"How many?" と訊かれてAさんが当惑するのも、日本人としては無理もない。

このエピソードは、のちにこの本で詳しくお話しするが、（アメリカの肉屋さん事情ということではなく）「数」（単数／複数の区別）の概念がいかに英語によるコミュニケーションの核心にあるかということの一端を示している。

Excuse me の me は私一人！（よく考えたら当たり前だけど）

"Excuse me."（すみません）は、日本人でもよく知っているフレーズだ。テーブルなどに同席している人に対して途中で席を立つ時や、人がいるところを通り抜けたりする時などに使う。

しかし、英語ネイティブをよく見ていると、カップルなどが二人で席を立ったりするときは、ちゃんと"Excuse us." と言っていることに気づく。日本語の感覚で言えば、自分一人のことを「すみません」というのか、自分と同伴者の両方を含めて「すみません」というのかの区別にほとんど意識がいくことはないだろう。

excuse は本来「許す」ということだが、英語の話し手は「自分一人を許して」と言っているのか、「自分とこの同伴者の二人である私たちを許して」と言っているのかをはっきり区別しているのだ。これは言われてみれば当たり前のことのようだが、日本人にはかなりめんどくさい区別だ。

筆者はかつてアメリカで、英語ネイティブらしき（優

しそうな）人たちがいるところを、一人で "Excuse us." と言って自転車で通り過ぎる実験を何度か試みたことがある。すると、彼（女）らは必ず怪訝そうな顔をして筆者の他に誰かいるかを目で探す。一見すると筆者一人しかいないので、英語ネイティブには不可思議に映ったのである。彼（女）らが me か us かを反射的に判断している証しである。

　この壮大な実験にはオチが用意してあって、筆者はクマのぬいぐるみをおぶっていたので、彼（女）らは通り過ぎる筆者の後ろ姿を見て失笑するのである。ほぼ例外なく失笑する。それを視認して実験を終える。とてつもなく勇気のいる実験だった。研究者もこんな試練に耐えねばならず、けっこうつらいのだ。

文法とコミュニケーション

　本書でお話ししたいことの一つは、一見このように細かくて勉強するとめんどくさそうな文法が、実は英語を話すこと、英語のコミュニケーションと深く結びついていることだ。

　「日本の英語教育は、文法ばかり勉強して「英会話」ができない」という話をよく耳にする。親のカタキのごとく悪しざまに言う定型句だ。だが、それは半分合っているが半分間違っている。英語教育論は本書の目的ではないが、文法や慣用句など、教育現場では「暗記物」とされそうなことがらが英語のコミュニケーションの根幹に関わることをわかっていただくのが本書の目論みだ。

　英語の文法や慣用表現は「英会話」と核心においてつ

ながっている。むしろ、この英語の核心を理解しなければ、やみくもに「英会話」修行の旅で放浪することになる。なにごとにもコツというものがある。それを体得することが上達への最短ルートだ（近道というものがあるかは疑問だが）。本書はその英語の「わかりかた」の道案内である。もう一度言おう。文法や慣用表現はコミュニケーションとつながっている。

　文法とはたんなるルールで、コミュニケーションとは別次元のものだと考えがちだ。学校の授業でも文法の時間と「英会話」の授業が別だったりする。そのおかげで、この二つが別物と考える発想が根付いている（その学び方自体は必ずしもまちがっているとは言えないが）。

　コミュニケーションのしかたには「文化」のようなものがあって、文法にはそれはないと思いたくなるかもしれない。文法は殺伐としたルールであって、鬼のごとく対峙も退治もしなくてはならないものだ、「文化」の香りとは切り離されている、と思いがちだ。

　あらかじめ言い訳がましく言っておくが、たしかにそういう面もある。しかし、英語の文法に潜む「英語の文化」を無視するのはいかにももったいない。英語はいまや世界中でいろんな人たちが話す言語になったが、そもそもの英米の文化（アングロサクソンの文化とでも言っておこう）が長い年月を経て染みこんでいる。そう思えば文法にも人間の血が通っているように思えてくるはずだ。

英語には英語の文化がある

　いま「国際英語」という言い方をする時には、英語から英米色を払拭しようという考えが基本だ。英語が母語の人たちですら、もはやアングロサクソン系ではない人はゴマンといる（実際、5万どころじゃない）。「英米人」という括りもいまや時代遅れ感がある。それこそ日系の英米人もいる。

　また、「日本人も英米のネイティブたちの英語をモデルにしなくてよい、理解し合えるなら日本人英語でOKだ」という考えがある。それは、政治的、教育的には100％正しいと思う。英語が国際語であることも腹立たしいが、英米人のようにうまく英語を使えないことで落ち込んだりすること自体も理不尽すぎて涙なしでは語れない。

　ただし、これと英語を身につけようとすること（「勉強」という言葉はあまり使いたくない）は別だ。英語を身につけるには、どうしても英語のコミュニケーションの文化を身につけざるを得ない。少なくとも理解しなくてはいけない。いや、理解しないとはなはだ非効率だ。英米人という括りが難しい今日でも、英語にはざっくり言ってそういう文化ともいうべきものが根付いている。

　英語を話しつつ、心は日本人、振る舞いも日本人、コミュニケーションのしかたも日本人的というのはある程度ありうる（筆者もそれはアリだと思う）。しかし、英語を使う以上、完全にはそれは無理だ。英語という言語には、分かちがたく英語のコミュニケーションの文化が染みついているからである。

本書はそうした英語によるコミュニケーションの文化の核心を理解し、正しく「わかり」、身につけていただくのが目的だ。文法や慣用表現をやみくもに暗記しようとするのは正しくないし、効率が悪い。それらがコミュニケーションとつながっているということを理解すれば文法や慣用表現を覚えようとするモチベーションにもなるだろう。出てくる例文や表現には、それほど変わったものはない。どちらかというと英語としては基本的な表現が多い。これもその目的のためである。

英語の「タテマエ」

　コミュニケーションの文化と言ってもそんなに大げさなものではない。要するに人と人が関わる慣習だったり、「タテマエ」とすることだ。「タテマエ」というと日本の専売特許（古い？）と思っている人もいるかもしれないが、それは違う。どのコミュニケーション文化にも「タテマエ」はある。ただ、みんなそれぞれ違うだけだ。自分たちの「タテマエ」は無意識になり、異なった文化の「タテマエ」はだいたい不可解に思えたり、理解しづらかったりして憎しみすら感じたりする。この本は英語の「タテマエ」についての本である。

　コミュニケーション文化は生活のいろいろなところに関わっている。例えば、英米系の人たちは、全般に「子離し」の時期が日本より早い。典型的なのは、何歳ぐらいで子どもを一人で寝かせるかについての想定が、誰がどう伝承するのか、文化によって異なることだ。「タテマエ」とはそういう文化的な想定である。

「子離し」のような習慣はどこにもそのルールやガイドラインが書いてあるわけでもないのに、同一文化内ではだいたいよく似ている。「○歳だからそろそろ一人で」にも「タテマエ」がある。不思議なものだ。英米では子どもはだいたい1歳くらいで母親を離れて一人で寝かせられるようになるという。生まれてすぐに最初から親とは一緒に寝かせないという家庭も珍しくはないらしい。

日本人から見ると冷たい感じがするかもしれない。実際、一緒に寝る（親子三人川の字、ベッドシェア）ほうが情緒の安定につながり、日中の自律性が高まるという研究や議論もあるようだ。ただ、「文化」を脱ぎ捨てるのはむずかしい。それくらい生活に染みこんでいる。

欧米では子どもをベビーシッターに預けて、夫婦で夜出かける習慣があることは日本でもそこそこよく知られている。だが、親子関係がより緊密（と考えられる――どちらかというとベッタリ？）な日本人にはなかなか真似ができない。両親とも働いていて仕事のあいだは保育所などに預けるのは日本でもごく普通だが、ベビーシッターに子どもの面倒を見てもらって夜夫婦で出かけるのという話はあまり聞かない。

日本の場合、そんなことをすれば、なんとなく親に「罪悪感」のようなものがあるように思う（その是非はともかく）。英米では、「子どもは子どもで独立しているべきだし、大人は大人で独立して楽しまねばならない」という考え方がある。それも「タテマエ」だ。むろん家族で楽しむという楽しみもあるが、それはまた別の話で

ある。

「英米人」という一般化について

　ここで、先に少しふれた問題に立ち返ろう。すでにここまで読んでくださって頭がモヤモヤとくすぶっていらっしゃる方もいるのではないかと思う。

　おそらく一つは、「英米人」なんてひとくくりにできるのか？ということだろう。イギリスにもアメリカにもいろんな背景の人たちがいる。アジア系だっている。例えば、ロンドンの人口比で言うと、いわゆる白人はいまや半数を切っている。

　本書で想定する「英米人」とは、ざっくりとヨーロッパ系英米人（白人）、特にイギリスにルーツを持つ人たち（アングロサクソン系）だ。この人たちの英語は本書で言うところの英語の核心のルーツでもある。しかし、実際の「英米人」はそういう人ばかりじゃない。

　もう一つのモヤモヤは、仮に「英米人」をアングロサクソン系の英米人に限ったとしても、その人たちもいろいろなのではないか、ということだろう。そんなにおおざっぱにひとまとめにしてよいのか、と。もちろんイギリス人とアメリカ人とでは気性が違うと言ったりするし、それ以前にそもそも個人によってずいぶん違うのではないか。それに、英米文化では「個」を大切にすると本書でも言ってるじゃないか、と。

　これらに対する答えは二つある。

　一つは学習効率のためにはある程度の一般化が必要ということである。どこの文化の人だろうが、いろんな人

たちがいる。個人差、個性があるのはもちろんだ。ただ、一般的にある集団、文化、国の人たちは、こういう時はしばしばこうする、こうする一般的な傾向がある、ということを知っていれば、接する側もある程度予期することができる。そして、それによってコミュニケーションがスムーズになる。

　もちろん、どこにでも「らしくない」行動をとる人はいるだろう（ぶっとんだやつはいるものだ——そしてそういうやつら〔失礼！方々〕が新しい「文化」を創成していくのだが）。しかし、多数の人が繰り返しぶっとんだことを真似しなければ、その一般的な傾向は変更されない。ただし、注意しなければならないことに、それをステレオタイプに落とし込んで、決めつけないことは大切だ。予期することと決めつけることは違う。

　もう一つの答えは、たとえ個人差があったとしても、本書で問題にするコミュニケーションの文化はすでに英語という言語そのものに組み込まれているということである。

　典型的にはイディオム（熟語）だ。イディオムは個人差を超えた文化の集積である。そして、それだけでなく、ここで取り扱ういわゆるイディオム未満の表現群は個人差や個性を飛び越えて慣習化している。それは文法にすら組み込まれている「文化」なのだ。

　英語を使う以上、日本人であれ何人であれ、どんな背景の「英米人」であれ、英語のコミュニケーションのパターンから完全に切り離されることはない。言語とはそういうものだ。言語表現自体にそれを話す人々のコミュ

ニケーション文化が組み込まれている。

本書の見取り図

　ここで、本書の見取り図を示しておこう。本書でいう英語の核心のうち最も重要な二つは、「独立」と「つながり」である。

　そして、この二つから第三の核心「対等」が生み出されているというのが本書の全体像だ。第1〜第3章ではこれらの核心がどのようなものであるかを深掘りしていく。

　第1章は「独立」についてで、「独立」と、それと根底でつながる「個」というコミュニケーション文化についてお話する。第2章は「つながり」、第3章は「対等」のタテマエについてである。

　つづく第4章は、それらの話をさらに深掘りしていく応用編である。この三つの核心は、時に相反するものであったり、二面性をもった英語の特質の両面だったりすることを論じる。

　第5章は、実践編として、具体的に、なぐさめ、提案、謝罪、反論、褒め、依頼、断りの言語行動を事例として、さらに英語の核心をよりよく理解していただき、実際に読者のみなさんが英語を使う際の手引きになるように意図したものである。おわりに、これらに関連して英語を含めた言語教育の問題についてもふれたい。

英語の核心

英語の核心の一つは「個」

　これからお話ししていくことは、「個」という概念が英語の文法とコミュニケーションの中核の一つをなすということだ。もちろん日本語、日本文化にも「個」はある。ただ、英語の「個」の現れ方とはかなり違う。この「個」は「独立」という英米のコミュニケーション、英語の文化の核心とつながっている。

　牛タンを「個」として捉えることも、Excuse me. とExcuse us. をいちいち区別することも、「個」＝「独立」の文化の一部である。ここは端的に英語の文法とコミュニケーション文化が関連する部分だ。

　「個」とは、英語で言えば、individuality、つまり、「もうこれ以上分ける（divide）ことができない最小単位」という意味である。また、「独立」は independenceだ。こちらは「だれにも頼らないでいる、しっかり一人でやる」という意味である（depend は「頼る」）。文字通りにはまったく別の語だが、これらは、文法からコミュニケーションまで通底する英語の核心の一つである。

もう一つの核心は「つながり」

　もう一つの英語の核心は「つながり」である。「つながり」はいろんな形で現れる。フレンドリーさ、「あなたのこと、ちゃんと気づいてますよ」という態度、「一対一であなたと向き合ってますよ」という姿勢、などなどである。これも大切なもう一つの英語の「タテマエ」であり、いろんな英語の表現として慣習にもなっている。

「個」と「つながり」は、考えようによっては矛盾する概念と思われるかもしれない。しかし、この「独立」した「個」が「つなが」っている、というのが、英語の「タテマエ」であり、英語のコミュニケーションの核心的特徴なのである。これが英語の「わかりかた」の基本である。

英語では誰もが「対等」

　それぞれの「個」は独立している。独立しているのでそれぞれ「平等」である。「平等」である「個」と「個」はつながってもいる。これらが組み合わさると、英語のもう一つの重要な核心「対等」に結びつく。

　ステレオタイプなイメージだが、アメリカ人は、人に接する時に堂々としている。実際に、堂々としていることをよしとするコミュニケーション文化があるようだ。ビジネス教書などに「握手をする時には強く握れ」などと書いてあったりする。

　昭和育ちの日本人はよく堂々としたアメリカ人にひるんだものだ。日本の謙遜、謙譲のコミュニケーション文化では、相手より自分を下げることによって敬意を表すので、時として堂々としたアメリカ人を目の前にして卑屈になってしまうことすらあった（今はどうだろう）。

　低姿勢は「対等」をタテマエとするコミュニケーション文化では、「よい」振る舞いには見えない。つまり、この「対等」という三つめの核心的「タテマエ」においても、英語と日本語とでは大きく異なることになる（後で、謙遜という観点でお話ししてみたい。英米でも謙遜

することはあるが、日本とでは根本的な違いがある)。

典型はファーストネーム

「個」志向と「つながり」志向とが組み合わさることもある。典型は、英語圏(広く欧米圏)の、相手をファーストネームで呼ぶ習慣だ。「個」として扱うということは、それによって親密さを意味するということになる。十把一絡げに扱わない、ということは、それ自体親密な態度の表れだ。

ファーストネームは、他でもないその人だけ、という「個」の表れである(John さんや Mary さんなどの名前の方は無数にいらっしゃいますが)。筆者は、性格がねじ曲がっているせいか友人が少ないが、数少ない親しい友人でも「加藤」とか「島田」とかファミリーネームで呼んでいる友人がいる。世代的なものもあるが、筆者はそれで十分親しさは維持できていると思っている。

しかし、よく考えれば本来、名字というのはその家のもので、個人のものではない。いかに同名が無数にある名前でも、ファーストネームはその人固有のものだ。「個」であるという「タテマエ」が重要なのである。

同時に、お互いにファーストネームで呼び合うという振る舞いは、それだけうち解けた関係にあり、友人同士対等であるということを意味する。ファーストネームで呼び合うことは「つながり」志向の最たるものだ。英米などでは、日常的にファーストネームで呼ぶことが当たり前すぎるので、なんてことのないことのように思われるかもしれないが、「個」と「つながり」という英語の

二つの核心が交差しているコミュニケーションの慣習の典型の一つと捉えておいたほうがよい。

人間の基本的な欲求と英語特有の「タテマエ」

　と、ここまで英語の特徴のように話してきた「個」と「つながり」のコミュニケーションの文化は、少し考えればわかるように、どんな人間でもおそらくもっている願望に基づいている。英米人だけでなく、日本人や他の人たちもそうだ。人類を人類たらしめてきた二つの基本欲求である。

　「個」の欲求は、「自由でありたい、邪魔されたくない（時には一人でいたい）」という願望であり、「つながり」の欲求は「人によく思われたい、仲良くしてもらいたい」という願望である。どこの文化の人だろうと、どんなに人付き合いが好きな人でも一人になりたい時はあるものだし、どんなに孤高の人も時には何らかのつながりを人と持ちたいものだ。

　トイレにも誰かと一緒に行きたがる社交的な人でさえ、さすがに最後の最後は一人で用をたしたいはずだ。山奥で一人孤高の生活を送っている仙人のような人も動物たちと暮らしていたりする（のをテレビで見たことがある）。そうしてある種の「つながり」を保っているのであろう。逆に言えば、「つながり」を持てずに生きていることは、人が生きていく基本中の基本の大問題だ。

　それは（大問題ではあるが）さておき、英語の核心は、「個／独立」と「つながり」という二つの欲求が、英語特有のバランスで成り立っているということが肝要

である。英語は独特な、少なくとも日本人とは違ったかたちで、二つの「タテマエ」を形成している。

この二つはどちらも大事で、時と場合で、どちらかが特段に優先されるということもあるし、その組み合わせと言えるようなコミュニケーションの仕方もある。

文法とコミュニケーションをつなげる

本書では、この「個」と「つながり」をキーワードとして、英語の核心を解きほぐしていこうと思う。これらの核心的英語の特徴は、文脈に応じて「タテマエ」と理解するのがよいこともあるし、「コミュニケーション（の）文化」という言い方をするほうが適当な場合もあるが、根っこの部分は同じである。本書の副題にした、「話すための」というのも、ようはコミュニケーションのことだ。

文法的なことがらから会話、コミュニケーションに至るまで、この核心を理解すれば、よりよく英語を理解し、英語力を高めることができる。いや、これ抜きには英語の習得は十分にはできないと言ってよい。何事も長年の修練ののちにコツのようなものをつかんだりするが、先にコツを教えてもらったほうがいい（と、怠け者の筆者は思う）。

冒頭の牛タンの例のような文法の話も、英会話のいろんな言い回しも実はみなつながっている。このようなことがらは、英語ネイティブの中には意外に身近すぎて意識していない人も多いようだ。しかし、我々にはそう見えない。だいたい異文化のものには気づくが、自分のも

のには気づかないものだ。

　蕎麦を音を立ててすすると外国の人にびっくりされるが、こっちもびっくりだ。「粋じゃない奴らだなあ」などと思ってしまう。筆者の両親は大阪出身だが、晩ご飯にたこ焼きはあり得ないという人に出会って初めてそれが必ずしも普通ではないことに気づいた。

　我々と違う言語を話す人たちは、我々と違うように世界を見ているということかもしれない。その世界で生きている、その世界を語る言葉を理解し、うまく使えるようになるには、関連し合うことどもの核心を理解することが必要だ。少し日本語の頭と心を解きほぐし、英語の核心にせまってみよう。それは彼（女）らの世界の見方を知るということでもある。

　たしかに核心を知っても、実際に英語を使うとなると、様々なフレーズや文法を覚えて使えなければ話にならない。しかし、英語の核心を理解しなければ、せっかくのフレーズもバラバラなままやみくもに暗記せねばならない。関連しあっている文法同士、文法とコミュニケーションの関わりをわからずに英語に取り組もうとするのは、体のしくみを知らずに筋トレをするようなものだ（ふにゃふにゃの筆者が言うのもなんだが）。

　このような英語の核心を理解し、身につける方法が、本書を読む以外に実はもう一つだけある。それは、長い年月をかけて英語圏に暮らし、英語に多く触れ、日々英語を使い、英語の本をたくさん読むことだ。その方法を選ぶという方がいまこのページをご覧になっているなら、イヤミでもなんでもなく、心からの激励を添えて、

そちらの世界に餞（はなむけ）したいと思います。ここで、この本を閉じてください。いってらっしゃい。がんばってくださいね！

　お残りのみなさま、では、参りましょう。効率的に核心を理解して効率よく英語を身につけたいというみなさんですね。それも正解だと思います。ぜひ楽しみながらおつきあいいただきたいと思います（文体突然変わってしまいました。戻ります、笑）。

ＡＩ時代に英語の核心がわかる意味

　英語の核心を知る現代的意味もある。昨今、ＡＩの時代がやってきたなどと言われている。英語に関して言うならば、一番身近なのは機械翻訳であろう。Google 翻訳、DeepL ほか様々なアプリケーションがあり、使っている人も多いのではないだろうか。

　実は、このＡＩ時代にこそ英語の核心を知ることは重要だ。なぜなら、現時点での機械翻訳のクオリティでは、「英語っぽい」日本語を入力しなければ適切な英語で出力されないからである。そして、その「英語っぽい日本語」の核心こそが本書で言う「英語の核心」であり、英語の「タテマエ」なのである。

　この英語のコミュニケーションの勘所（かんどころ）をおさえておかずに（つまりは、英語の発想に基づかずに）、日本語の文化をもちこんで、やみくもに日本語を翻訳アプリに投入しても、英語らしい「よい英語」の出力は得られない。つまり、現時点での機械翻訳では、英語がよくわかっていない人には日→英の翻訳がうまく使えない。よっ

て、ＡＩ時代にこそ英語の核心は重要なのである。

日本語は「エンパシー」の言語

　一方、日本語はどうだろう。こういうことは英語と比較するとよりよく理解できる。日本語の核心、日本のコミュニケーション文化の「タテマエ」に特徴的なのは「エンパシー（empathy）」である。

　empathy は、「シンパシー（sympathy）」とよく似た言葉で、どちらも「共感」と言ってよいが、「エンパシー」のほうが「相手の立場に身を置いて理解する」ということに焦点が置かれる。「シンパシー」はどちらかというと「感情的に同じになる、心を共有する」ということだが、「エンパシー」の方は「視点や考えを共有する」ということを主に意味している。

　20世紀の終わり頃、ミラーニューロンというものが脳にあることが発見された。ヒトやマカクザルに、他人の振る舞いを見て、自分のことのように感じるこのエンパシーの能力が備わっていることがわかったのだ。つまり、人類はみな「エンパシー」を基盤としたコミュニケーションをする。

　ところが、どういうわけか、英語文化のヒトと日本語文化のヒトではこれを異なったものに発展させたようだ。端的に言えば、英米文化ではこれは抑制され、日本語文化では高度にこれを発達させたと言える。日本人の行動原理の第一の核心はこのエンパシーだ。

　エンパシーはそもそもヒトの親戚である霊長類にもそなわっている能力というくらいだから、ヒトならどんな

国の人にもありそうだ。したがって、特に日本人的、日本的核心とも思えないと感じる人もいるかもしれない。自分のことは気づきにくいものだ。しかし、このエンパシー的なコミュニケーションの文化は、多くの日本人が子供のころからたたき込まれている。

　小学校の教室や校庭などに掲げられている学校の標語で昔からよく見かけるのは「おもいやり」だ。「おもいやり」に相当する英語は consideration、thoughtfulness などいくつかあるが、「相手（他者）の立場で考える」というところまでは普通は意味しない。なぜなら、相手の立場に立つこと自体が、「個」＝「独立」の原理に反することになりかねないからである。ズカズカと相手の立場に乗りこんではいけないのだ。「エンパシー」と「独立」のタテマエは原理的に衝突するが、英米文化では「独立」のほうが勝っているのである。

　一方、日本の親がよくする子供の叱り方は、「そんなことしたら、○○ちゃんがどう思うと思うの？」「そんなことしたら恥ずかしいよ」「笑われるよ」などだろう。日本人なら誰しも思い当たる叱り方、叱られ方だ。これはつまり「人の立場に立て」「人からどう見えるか考えよ」という行動の規範の表れである。

「私はパスタが食べたい！」

　日本の大学で教えるあるアメリカ人の先生の話。教室が蒸し暑いので、学生に窓を開けようかと訊ねたところ、誰も返事をしない。一番前の学生に言ってもその学生はまわりをきょろきょろ見回して返事をしない。

日本人は態度をはっきりさせないんだな、めんどくさいな、と一瞬この先生はかたづけそうになった。だが、この先生はエラかった。なぜそういう態度をとるのだろうと不思議に思って、真相を突き止めようとした。

　この先生が前の方に座る学生にあとで聞いて明らかになったことは、学生らの無反応の理由は「私は暑いと思うので窓を開けてもよいと思うが、他の人は自分と同じかわからないので即答できなかった」ということだった。おそらく英米のコミュニケーション文化では（そしておそらく世界の多くの文化では）、自分は自分、他の人は他の人で発言するだろう、だから自分は自分の考えを言えばいいと思うところだ。

　昼休みの会社員によくありそうな光景（想像です）。「なに食べよっか」と相談するが、よほど親しい間柄じゃないと、内心食べたいものが決まっていてもなかなか言い出せないものだ。「うーん、どうしよ、イタリアン……とか？」などとはっきりしない言い方を戦略的にする。ここで、「私はパスタが食べたい！」などと言いだそうものなら、あいつは自己主張が強いというレッテルを貼られかねない。なんとなくあいまいな言い方をそれぞれがし、やがてなんとなく合意に至るというのが日本のランチタイムではよくあるところではなかろうか（これはこれですごい意思決定の方策だとは思う）。

　一方、「個」＝「独立」の原理に基づいて行動する英米人について言えば、自分の意見や希望を言うことは、「個」が尊重されている分だけ許されやすい。場合によっては推奨される（あるいは、普通である）。自分の希

望を言ってもさほど他の人を気にかけなくてよい。その
あとは交渉次第だからである。

　アメリカ人はよく自己主張が強いと言われる。しかし
実はその一方で、むしろ禁欲的と思われるほど自己抑制
がきいている（つまり、いわゆる自己主張しない）面が
ある。そのカラクリは、まさしくこれだ。英米のコミュ
ニケーション文化、特にアメリカのコミュニケーション
文化では、自分の意見、自分の希望は、はっきり言って
いいことになっている。それぞれの「独立した個」が守
られているからだ。

　ところが日本のエンパシー文化では、自分の意見や希
望を言うと他者にどのような影響を与えるかまでを考え
ることが慣習化されている。もちろんこれが圧力となっ
てネガティブな作用をもたらす面も多いし、グローバル
な世界では不利になることもあるが、その利害について
は、ここではおいておこう。

　最近は、アメリカのビジネスの世界でも、empathy
とか利他性（altruism）が重要だというような話がよく
伝わってくる。ビジネスリーダーの資質として必要なの
も empathy だとか言ったりする。たしかにそうなのだ
ろうと思う。種としてのヒトに備わっている能力である
なら、どの文化の人たちにあっても当然である。しか
し、（いまさらことさら）それが叫ばれているというこ
とは、英米圏の一般の人にとっていかに empathy が意
識して身につけなければならないものであるかを表して
いる。

　日本人にとっては当たり前のことだが、その無意識で

当たり前になっているものこそが、コミュニケーションの文化であり、「タテマエ」なのである。本書で述べるような英米のコミュニケーションの文化は我々には意識して理解せねばならず、彼（女）らにとっては当たり前なのと同じである。

英語にもタテマエはある

　「独立」「つながり」「個」「エンパシー」などはそれぞれの文化の人の行動を制御するある種のガイドラインになっている。これに沿って理解すると、英語文化が腑に落ちる。

　そして、すでに説明してきたように、これらは「タテマエ」でもある。タテマエというと、ホンネとの組み合わせで、よく日本にいる外国人から、「日本人はホンネとタテマエがあってわかりづらい」と言われたりする。だが、これは正しくない。自分たちの文化にもタテマエがあることに気づいていないだけだ。どんな文化にもタテマエがある。ただ、それは文化ごとに違う。

　英語にもタテマエトークがある。そして、それはタテマエが文化に根ざしているがゆえに、多くの英語話者が使う。「よくある会話」だったり、定型句、決まり文句になったり、イディオムになったりする。

　逆に、よく使われるから文化として根付いていったとも言える。慣用的な表現とコミュニケーションの文化とはそういう関係だ。ニワトリと卵の話になるときりがないが、相互に補強し合っている関係であると言える。だから、英語の文法も表現もコミュニケーションの文化と

は切り離せないのである。

　どこの文化でももちろん個人差があり、様々な人がいる。しかしその一方で、ある集団の人たちの考え方や行動にある程度の傾向やパターンがあることもたしかだ。それが「慣習」と呼ばれるものである。どんな文化でも多くの人が「そうするのが普通」という感覚を持っている。それに従わないあまのじゃくもいるものだが、そういう人たちもだいたい「普通」を知っているものだ。こういうことも本書で言うところの「タテマエ」や「コミュニケーションの文化」という観点で考えると合点がいきやすい。

　そして、重要なことはこのタテマエ的なコミュニケーションの文化、「タテマエ」が、言葉だけではなく、生活の中のいろんな制度や慣習に組み込まれており、一見無関係に見えることがらがみなつながっているということである。

ぶつかりあう「タテマエ」たち

　人間の基本的な欲求としての「個」と「つながり」は、時と場合によって矛盾し、ぶつかり合う。「個」は、概念としては「つながらない」ことを意味し、「つながり」は「個」を犠牲にして成り立つ面があるからだ。

　人に話しかけたり話しかけられたりすれば「つながり」の欲求は満たされるが、一人になれないという意味で「個」の欲求は犠牲にしなければならない。「個」の欲求を満たそうとすれば、往々にして一人でいることに

なり、当然「つながり」の欲求は犠牲にしなければならない。あっちを立てればこっちが立たぬ、やっかいな関係だ。

　英米人であれ、日本人であれ、人はこのバランスの上で生きている。どれくらい「つながり」を持とうとするのが適当なのか、どれくらい「個」を尊重するのがよいか（つまり、遠慮したらよいのか）を人はしばしば迷う。そして、時として失敗する。

　これらの欲求は人間にとって基本的なものだが、その現れ方は文化によって異なる。それぞれにある種のパターンがあるからである。英語圏文化と日本文化について言えば、似ているところもなくはないが、際立って対照的である部分が多い。

　「個」と「つながり」が特に際立って現れる、その現れ方は英語の核心である。その現れ方と程度が日本語とは大きく違っている。日本人だって、もちろん「個」がないわけはない。ただそれは英米と比べると特徴的な形ではあまり現れてこない。それは「つながり」においても同様である。

　英米圏文化では、一般的にもよく「個」が尊重されるというが、その尊重のされ方は、日本では必ずしもよく理解されていないように思う。「個」の尊重＝自己主張が強い、と思われがちだが、ある場面ではむしろ日本人には禁欲的とも思われるくらい「遠慮深い」ように見える行動パターンがある。なぜだろう。その謎も英語の核心的「タテマエ」としてよくおわかりいただければ解決できる。

では、次章からこれら三つの核心にせまっていこう。まずは「独立」である。英語は実はとても「間接的」な言語である、という話をしたい。英語は直接的な物言いをすると思ってらっしゃる読者のみなさんの想定をできるだけわかりやすく裏切りたい（笑）と思う。

第 1 章

英語は「独立」志向である

1 独立型コミュニケーションの象徴 would

　さて、具体的な話に入ろう。これまでお話ししたようなタテマエやコミュニケーションの文化がどのように文法や表現に表れているかをみてみたい。

　先にもふれたように、「独立」は英語では independence である。ここから接辞（in-、-ence）を取り除くと、depend（頼る、依存する［動詞］）となる。つまり、independence とは「（人に）頼らないこと」ということだ（-ence は名詞を作る接尾辞）。

　人に頼らず自分でやっていくことは英米文化ではとても大切である。アメリカ合衆国だと Independence Day（独立記念日）は大切な祝日である。歴史的にはイギリスからの「独立」ということだが、文化のすみずみにまでこの「独立」が染み渡っているとみてよい。

　「独立」のタテマエは、かみ砕いて言えば、「私は私、あなたはあなた」、お互いの領域に入り込まないというコミュニケーションの文化の反映である。それぞれの「個」を尊重し、それに配慮した表現を用いる。このような文法やコミュニケーションの慣習（定型句）に見られる「個」と「独立」の原理は、日常の様々な習慣にもその例を見ることができる。

would は「個」と「独立」の象徴

　would は will の過去形である助動詞だが、英語の一

つ目の核心である「個」と「独立」を象徴する言葉である。これをある程度使えると、だいぶ英語らしい言い方ができるようになる。

　助動詞はもちろん他にもあり、それについては後述するが、ここでは would についてお話ししよう。would は間接的、遠回しな表現に特によく用いるものになっていて、これは英語の特徴の一つである。

　ちなみに中高生が読むような文法書には「will＋動詞」を「未来形」とか「未来時制」などとよく書いてあるが、残念ながら英語にはそういうものは存在しない。will が「未来」で、would が「過去」なら、では「現在」は？ってことになってしまう。will は「現在」の意志を表したり、未来の「予測」をしたりする言い方だ。

　さて、その will の過去形 would は、キッパリ、あるいはぶっきらぼうな言い方を「やんわり」にする表現である。丁寧な訊ね方としての Would you ... ？とか、控えめな希望の言い方としての I would like to ...という表現をご存じの方も多いかもしれない。Can you ... ？より Could you ... ？のほうが丁寧な言い方だと学校で習ったりする。それと同じだ。

　このような助動詞の過去形の用法は、「仮定法」と呼ばれる。「もし〜なら」という仮定的なニュアンスを表しているからである。重要なのは、「仮定」がなぜ「丁寧」になり、それが「個」と「独立」という英語の核心にどうかかわるかだ。

『千と千尋の神隠し』に見る would

　筆者は、研究としても大学での授業の材料としても、日本のコンテンツがどのような英語になって海外に輸出されるかについてよく話をする（おかげで、時々アニオタという賛辞を学生にもらうが、残念ながらそんな立派なものではない）。

　ご存じのように、日本のアニメは海外でとても人気があるので、英語に吹き替えられたり、英語字幕がついたりするものが多い。これらは、日本の英語輸出という点でも、英語の文化という意味でもとても興味深い。

　特にしばしば見られる翻訳のギャップ（直訳してない訳）は、日本語オリジナルでは「〜しろ」「〜するな」というセリフが英語訳では would を用いてだいぶソフトな言い方になっていることだ。

　例えば、海外でも大ヒットしたスタジオジブリ制作の『千と千尋の神隠し』（英題は *Spirited Away*──タイトルの違いも英語文化を知る上で面白い）のリンという女性の「いま釜爺のとこ行かねえほうがいいぞ」というかなり勇ましいセリフでさえも、

▶ I wouldn't go right now.
　（私だったら今は〔釜爺のところに〕行かないなあ）

という字幕がついている（to Kamajii は文脈でわかるので省略されている）。この I wouldn't go は「私だったら行かない」というニュアンスである（英語訳もいくつかのバージョンが流通している）。

「行かねえほうがいいぞ」は You shouldn't go. と言ってもよさそうだが、主人公のセンこと千尋が、その前に「私、釜爺のとこ行かなきゃ（I'm going to see Kama-jii.）」と言って自分の意向を示しているのに対しては、この訳は英語的には強すぎて抵抗があるのだろう。

　「釜爺のところへ行く」というのは千尋の「個」として「独立」した意志だ。それに対してズカズカと入っていかずに、「私だったら行かない」という。リンは千尋の「独立」した「個」を尊重して間接的に助言しているのである。

　この would の「私だったら」というニュアンスが仮定法の「仮定」の意味するところだ。Could you … ?、Would you … ? といった定番の丁寧な問い方は、（例えば）「お忙しいのは重々承知ですけど、ひょっとして、もしかして…してくださいますか？」という仮定的で相手の領域に踏み込み過ぎない言い方になるのである。

　もちろん儀礼的な仮定も多く、そこまで仰々しくはない。ただ、相手の領域に入り過ぎず、相手の「独立」した「個」を尊重する言い方は、これくらい慣習化しているほど英語の核心にあるということだ。

「真冬にＴシャツ」問題

　ヨーロッパ系の白人は体温が高い人が多いのか（そういうデータもあるらしい）、東京などでも冬に半袖で外を歩いている人がいるが、そういう友人にも、

▶ Aren't you cold?（寒くないの？）

と気づかうのは危険である。たとえ「大丈夫？　心配だな」という気持ちからだとしても。

　日本人なら気遣いで、心配のつもりで言うと思われるが、これは英米人には通常「気遣い」とは解釈されにくい。寒いか寒くないかの判断はそもそも個人的なものであり、自分で判断できるからである。したがって、「バカにしてんの？　余計なお世話だよ」と受けとめられやすい。

　一般に言えることだが、当たり前だと思っていることを尋ねると、だいたいイヤミかバカにしていると解釈される。気遣いで尋ねたつもりが、「おまえには寒いかどうかの判断力もないのか」とバカにしているととられかねない。あるいは、子ども扱いされていると感じるかもしれない。そうなればムッとされても不思議ではない。

　そもそも「独立」志向の人は、日本人でもそうだと思うが、一般に心配されること自体を好まない。束縛されているように感じるようだ。思春期の子供が、親の心配に反発するのは、独立心が芽生えてきているからである。これは、おそらく洋の東西を問わないだろう。

　ただ、日本の場合は、心配する気持ちも「思いやり」や「優しさ」として日常のコミュニケーション文化に染み渡り、心配する側もされる側も、適度であれば肯定的に受けとめる。有名人がなにかやらかした時に発する決まり文句の一つは「ご心配おかけして申し訳ありません」だが、これはすなわち「ありがとう」だ。

　特に英米人の場合、心配するのは母親だけで十分だ、

という感覚を持っている人も多いようだ。逆に母親に「寒くないの？」と訊かれても、思春期でなければ特に気分を悪くせず返すだろう。子に対する親だと「独立」の壁を越えてくることもあるという。

　ちなみに、友人が寒い日にTシャツを着ているというこの状況で、英米人ならどうするだろうか。ここでも独立志向が働く。おそらく最も一般的な対応は、「何も言わない」だろう。真冬にTシャツを着ていようが、相手の領域のことは自分には関係ないのでそもそも話題にもしない。

助言とおせっかいの狭間に揺れる

　先ほどのリンの台詞の英訳に見られるように、「〜した方がいい」という忠告は親しい間柄でも英米人はなかなかしない。

　親しい間柄で、それがポジティブな相手の利益になりそうなら、You should ... という言い方はよくする（こうなると「つながり」志向でもある）が、「…することもできるよ（You can ...)」とか、「私なら…するけど（I would ...)」というように可能性を示すだけのことが多いだろう。相手への配慮がある分、丁寧でもある。助言、忠告は、相手の「個」を侵害することになるので、慎重なのだ。

　例えば、「やめたほうがいいよ」と言う時には、Don't do it. はかなり直接的で、助言としては緊急の状況など以外では避けられる傾向がある。こういう場面で英語らしいのは、先ほどの英語版リンのように、

▶ I don't think I would（do it）.
（私だったらたぶんやらないと思う）
▶ I wouldn't wear socks with sandals.
（私だったらサンダルにソックスはないけどな）

のような間接的な言い方である。

　親しくなってからの表現の中にも慣習的な「個」の尊重が様々に見え隠れする。英語の慣用句に None of your business!（おまえには関係がない）という決まり文句があるが、これや I wouldn't ...（私なら…しない）、I would ... などの表現は英米文化、およびそうした英語のコミュニケーション文化の特徴をよく表している。

　助言や忠告にはもう一つ重要な側面がある。日本でもそうだが、そもそも助言や忠告は、「助言する者＝上」「助言される者＝下」という構図をつくってしまう。つまり、上から目線になってしまうということで、最近の言い方では「マウンティングする」ということになる。

　上下関係は、当然「対等」のタテマエ的にはＮＧである。それに対して、I wouldn't ...／I would ... は上下の関係をつくらない、波風を立てない言い方で、英米人はもはやそのようなことを意識しないくらいのレベルで日常的に使う。

2　英語は人を「個」として扱う

　英米のコミュニケーション文化である「独立」の「タテマエ」は、必然的に「個」と深く結びついている。

「あなたのことはわかっている」I know

　「個」の尊重は「あなたのことをわかってますよ」という表現につながる。これは慣習的な表現で伝えたり、言う内容によって伝えたりする。例えば、「あなたのことはわかってますよ」「認識してますよ」ということを示すための標識となっている表現にI knowがある。

　これは日本人にも当てはまることだが、誰にでもできる話よりも、「あなただけ」と特別扱いされるほうがだいたい気分がいいものだ。

▶I know you love horror movies but I would recommend something else for your first date.
　（君がホラー好きなのわかるけど、初デートは別のジャンルがいいんじゃない？）
　〔心の声：君のことわかってるでしょ？　伝わるといいなー〕

　なにかネガティブなことを言わなくてはならない場合でも、I know you xxx but ... というパターンで言うと、相手の「個」を尊重し、「あなたのことをわかっている

よ」という分だけネガティブ度が下がるだろう。

▶ I'm sorry, I know you prefer red but they were sold out, so I bought the white wine.
（すみません。赤のほうがお好きなのわかってるんですけど、売り切れてまして。だから白ワイン買いました）

という具合だ。これは日本のコミュニケーション文化にも通じる気遣いの表し方だろう。

それ以外にも、相手の「個」を尊重する細かな言い方がある。right? だ。

▶ You like beer better, right?
（ビールのほうが好きだよね？）

と、right を文末につけて上がり調子で発音すれば、「あなたのことわかっていますよ」「よく覚えていますよ」というメッセージになる。これらの表現は、相手のことをわかっているという点で「つながり」志向という側面もある。

身内だって「個」である

日本であれば、自分の身内は自分と同様に下げて謙遜することも珍しくない。むしろ一昔前であれば、それが普通だった。自分の身内を褒めようものなら、笑われるかバカにされるのがオチだったろう。

英米文化では（あるいは欧米全般に言えそうだが）、

人前で身内のことをあまり悪く言うことはない。むしろ、良く言うのが普通である。特に女性に対して妻を下げるようなことを言おうものなら（謙遜のつもりでも）、その人と浮気でもしたいのかと勘ぐられ警戒される（か、期待される？）可能性がある。それくらい悪く言わないのが普通である。

　この慣習については、いくつかの側面があるが、自分の身内でも「個」と見なす、ということが基本としてある。日本では、「ウチ」と「ソト」とを区別し、配偶者は「ウチ」に属するので、自分の延長だ。自分は下げる（謙遜）のが日本のコミュニケーション文化の特徴である。

　したがって、妻の職場の上司に会ったとしても、「いつも妻がお世話になっています」などと言わない。妻は妻で自分とは「独立」した一個人なので、「個」である妻の「独立」領域を侵害して「お世話になっている」などと感謝しないのが普通である。

　ついついこういう場面で、「お世話になっています」→「お世話する」から take care of を覚えている人はこれを使って挨拶したくなるかもしれない。

× Thank you for taking care of my husband/wife.

などと英米人に言おうものなら、びっくりされるかもしれない。夫／妻は働いているのであって、介護したり面倒を見たり（take care）されているのではないし（相当メンドーな人だってことか？）、そもそもそんな御礼を別の「個人」である配偶者がするとは想定されてない

（ペットか？）。

「お噂はかねがね」は「つながり」志向

　ちなみに、この状況でよく言う典型的な言い方は、

▶ I've heard a lot of things about you from（妻／夫の
　名前）.

　これは「お噂はかねがね聞いております」という主旨
の表現だが、「つながり」志向的な言い方でもある。実
際はその人の話などしていなくても「あなたの話をいつ
もしてますよ」という態度を示しているのである。心の
中では、〔そんなにはあなたの話してないけどね〕と思
っていてもである。
　「お世話になっている」はこちらが下で、相手が上だ
が、「対等」の原理から言ってもそういう上下関係はな
いように振る舞うのが英米のコミュニケーション文化だ。
　さらにちなみにだが、偶然久しぶりに出会った友人に
Long time, no see. などと話しかけられた時の答え方と
して、

▶ I was just thinking about you!
　（ちょうどあなたのこと考えてたんだよ！）

などと言ったりする。だいぶウソっぽいが、それでも言
ったりする。「ほかでもないあなたのことを考えていた
んですよ」というふうに「個」であることをアピールし

た「つながり」志向の「タテマエ」セリフである。

better half と愚夫・愚妻

　「個」の話に戻すと、英語には better half という言葉がある。「伴侶、配偶者」という意味で、よく男性が妻のことをこう呼んだりする。

▶ Come along, I will introduce you to my better half.（ちょっと来て。僕の妻を紹介するから）

妻と自分が半分半分で（その意味では二人で一つですね）、自分より妻のほうが「より良い、マシな」半分だ、というわけだ。日本語には「愚妻」という言い方があるが、それとは対照的に自分よりマシと持ち上げて表現している。

　英語の better half は「自分より良い伴侶、（夫婦を一つとすると）二分の一」という発想だが、「愚妻」の「愚」は夫である自分と比べて「愚かだ」と言っているわけではない。妻はウチにあり、ウチのものはソトである相手より劣った、くだらない人間であると自己卑下、ウチ卑下（？）している。

　身内のことを良く言う習慣は、家族がきちんとしていることのアピールという側面もある。アメリカ大統領選挙の様子は日本でもよくメディアを介して垣間見ることができるが、候補者の配偶者が出てこないことはない。子どもたちが登場することも普通だ。「きちんと家族をもっている」ということは、「その人自身もきちんとし

ている」ということの表れと考えられている。

　オフィスに家族の写真を飾っている人も多いが、（もちろん家族愛ゆえでもあるものの）「まっとうな家族を持っている、まっとうな家族生活を送っている＝まっとうな人間」という図式がある。大統領選などで、そこをアピールするのは当然だ。

　この意味では、日本のほうが個人主義的と言えるかもしれない。「家族思い」とか「愛妻家」などという言葉があるが、そもそもそういうことをイチイチ英語で言うことはあまりない。むしろ、「タテマエ」としてそれが普通だからである。

「あなたの気持ちがわかる」はキモチ悪い

　I know the feeling. という表現がある。相手の体験談聞いたりして、「わかるわー、それ」という感じの意味だ。「自分も同じ体験をしたことがある、言っていることがよく理解できる」という共感を示すフレーズである。今の若者の言葉で言えば、「それな」というところだ。

　共感はもちろん「つながり」志向だ。ただ、この the には微妙なニュアンスが込められている。定冠詞の the は、「あなたも私も知っているその」というような意味合いである。この場合の the feeling とはあなたが経験し、そして私も経験したことがある、二人が共有している「その感情」だということである。「あなたの感情」ではなく、「あなたも私も共有しているあの感情」というところがポイントだ。

　この表現が「わかるわー、それ」という意味合いのフ

レーズだとするならば、「私はあなたの気持ちがわかる」という意味でI know your feeling. と言ってしまいそうだ。

しかし、定番の表現はI know your feeling. ではなくI know the feeling. である。I know your feeling. と言うと〔(相手の心の声)なに、この人、なんで私の気持ちがわかるの、ずうずうしい〕と、自分の領域を侵害されていると感じたり、引いてしまう英米人もいるだろう。

「あなたの（your）気持ちがわかる」だと、相手の領域に入り込み過ぎることになってしまう。〔この人（相手）、私の気持ちの中に入ってきてキモチ悪い〕のだ。

このように基本的に共感の表現であっても、単純に「つながり」志向だけが表れているわけではない。微妙に「独立」志向が頑として根っこにある。the と your のように文法的な使い分けにも、コミュニケーションのタテマエが関係しているのだ。

これは、「どうかしましたか？」と訊くときに、What's your problem? とは言わず、What's the problem? と言うなど、多くの表現でも同じである（前者は人の領域に踏み込み「何か文句あるか？」とケンカを売る表現になってしまう）。

文法でthe を学習する時、だいたい不定冠詞a との違いを学ぶのがまず第一だろう。しかし、コミュニケーションのための文法を学ぶなら your との違いを理解することも重要である。

3 「個」とは、自分で選択する権利

「いろいろ選べる」は「個」の象徴

このような「個」と「独立」の尊重は、英米圏の様々なところで、選択を重視する慣習に表れている。

わかりやすいところで言えば、お店だ。とにかく何でも自分で選ばされる店が日本よりある。選択肢が多いというのは楽しいことでもあるが、たいがいにしてもらわないと日本人には面倒くさくて苦痛かもしれない（筆者はどちらかというとそのタイプ）。サンドイッチ屋などでも、パンの種類、大きさ、中の具などいちいち細かく選択せねばならないところが多い。

ホテルのレストランでの朝食などでも同様である。最近は日本でも欧米型になってきたところも多いが、卵料理の選択は英米の基本だ。

▶ How would you like your eggs?
（卵はいかがいたしますか？）

などと尋ねられる。How だ。いくつかの選択がある（Which、What）というより「いかように」と多様であることを前提としている。実際はいくつかの焼き方があるので、その中から Scrambled（スクランブルエッグ）、Sunnyside up（目玉焼き）などと選んだりするが、焼き加減も注文できる（これは筆者も好き）。

一方、日本の定食は日本人の多くにとって楽でいいか
もしれない。何でもパッケージになっているから、サバ
のみそ煮とかハンバーグとか主品目だけ決めればあとは
お任せである。あってもパンかライスか、飲み物やサイ
ドメニューを何にするかを選ぶ程度だろう。

　アメリカに行ってまだ日の浅いある日本人がサンド
イッチ店で注文した。店員にあまりに細かく、しかもわか
らない言葉で（早口でよく聞き取れない！）いろいろと
聞かれるので、面倒になって「Yes, Yes ...」と答え続
けたら、明らかに一人では食べきれないほどの（一人な
のに！）とてつもなく大きなサンドイッチが出てきたと
いう話もある。

　日本なら、「お一人にはちょっと大きすぎると思いま
すが、よろしいですか」くらいのことを言いそうなもの
だ。しかし「個」の判断が尊重される文化では、それは
余計なお世話なのである。「余計なお世話」とは、相手
の「独立」した「個」に入り込み過ぎた侵害行為だ。

意向を尋ねる表現の多用

　また、

▶ Would you like ... ?
▶ Do you want ... ?
▶ Want ... ?
　（下に行くほどカジュアル）

のように、相手の意向を尋ねる表現を多用するのも英米

の特徴だ。Would you like ...？は丁寧な表現だと英語の授業やテクストでは習ったりするが、実は日本語の感覚でいうほど丁寧というわけではない。

　例えば、特にイギリスなどでは親が子に対してでも使う。つまり、ごく普通に相手の意志、意向を尋ねる表現だ。それくらい英語という言語に染み付いており、英米のコミュニケーション文化に根付いているのである。

　Do you want ...？も同じように相手の意向を尋ねる表現だが、こちらは Would you like ...？より丁寧ではない、というよりカジュアルな言い方である。親しい間柄ではごく普通に使う。「〜したい？」という感じだが、ちょっと日本語とはニュアンスが違う。

　ある日本人のアメリカ留学中の話。彼はテニスが得意で、そのことは友人たちにも知られている。ある日、アメリカ人の友人がコート近くでテニスの相手をしてほしそうな様子で、

▶ Do you want to play?
　（直訳：テニスしたい？）

という（よりわかりやすい言い方なら Do you want to play tennis with me? だが、この言い方でもテニスをすることがわかる文脈だった）。

　テニスがよりうまい日本人の彼は、心の中で「おいおいオレがしたいかってか？　相手してくれない？　じゃないのか？」と思ったらしい。

　たしかに「したい？」という言い方だが、実はニュア

ンスが日本人が受けとめがちなのとはちょっと違う。これも誘っている表現なのだ。

　「テニスしようよ」という言い方なのである。こういう言い方でもやはり相手の意志を尊重するのだ。むしろ「僕とプレーしてよ、お願い」というほうがプレッシャーをかけることになる。プレッシャーは相手の「独立」を脅かすものだ。日本人から見ると、なんでもいちいち確認するように感じるくらいだろう。

　もっとも、日本人のほうが確認することが多いことがある。いわゆる「告白」である。若者なら「コクる」だろうか。日本人はわりと恋人になるかどうか、付き合うかどうかの区切り目に、「付き合ってください」などときっちり言う。「ごめんなさい」と断られてやけ酒を飲んだりする。

　ところが、英米文化では、このメリハリがないカップルが多いようである。友人から恋人の関係になんとなく移行し、なんとなく付き合いはじめる。どうも、恋人になるとそれなりの行為をそれなりにするので（笑）、それさえ双方の同意のもとに遂行されればいちいち確認などいらないらしい。Would you like … ? や Do you want … ? は「個」の選択を尊重した言い方だが、恋愛については日本のほうが選択を迫るやり方をするようで、英米文化のほうが「つながり」志向かもしれない。

4 日本人が苦手なIとyou

I love you. から始めよう

　夏目漱石が教師時代に学生に対して、I love you. は「月がきれいですね」と訳すべしと言ったという伝説がある（真偽は定かではないようだ）。そこまでぶっとんだ和訳をするかどうかはおくとして、「私はあなたを愛している」という日本語は、少なくとも愛の告白のセリフとしては成功につながる見込みは低い（気がする）。ロボットか！とつっこまれそうである（今どきはむしろいいのかなあ）。

　そもそも日本語では「私」「あなた」という言葉はあまり使わないし、使いたくないことも多い。「私が私が」と連発すると我が強いと思われかねないし、目上の人などには「あなた」という言葉は使えない。上司に「あなた」とでも言おうものなら、反抗的な態度と受けとめられるのはまちがいない。

　Iやyouといった主体や相手を明示するのも、「個」と「独立」のコミュニケーション文化の特徴である。日本語のほうは、それらを明示しないのが（省略とは違う）、より際立った特徴と言える。

人称代名詞は日本語にない

　そもそも me や us、he や she などの人称代名詞は日本人にとっては意外にやっかいである。言語学的に言え

ば、日本語には人称代名詞はないと考えるのが妥当だ。「彼」や「彼女」などという言葉は明治期以降に he や she の訳語として生まれたものだ（柳父 章 『翻訳語成立事情』〔岩波新書〕がわかりやすい）。

　「彼」とか「彼女」などというとキザっぽく聞こえたり、ボーイフレンド、ガールフレンドという意味で「普通」の言葉に転化（普通名詞化）していったりしたのもそのせいである。

▶ Does your father play golf?
　（お父さん、ゴルフするの？）

という質問に、

▶ Yes, he does.（または No, he doesn't.）

とすらっと言える日本人は、実はかなりの英会話上級者である。

　中学1年生で習うようなこの言い方がなぜ難しいかと言えば、your father を he と捉えることを日本語ではしないからにほかならない。それと plays golf を does（代動詞）と一語で代用して捉えることもしない。単純で簡単なようだが、これは日本語との大きな違いだ。

　Yes, he does. を日本語に訳すなんてことをしようと思ったら、「はい、彼はします」などとキモチ悪い日本語を思い浮かべてしまいがちだ。そんな日本語は、学校の英語の時間の和訳でしか聞くことはない。教師たちも

苦肉の策でやっている。ただし、「彼」「彼女」「あなた」などの代名詞モドキが、英語と同じように日本語にも存在すると思っている教師は少なくないようだ。先にもふれたように、これは省略とは異なっている。省略なら省略する前の元の形に戻せるが、必ずしもそうはいかない。

まずは I と you に慣れてみる

　自分と相手を言葉で認識しない日本語話者にとって、まずは I と you の表現に慣れることが英語の核心へのよいルートだ（結果として近道である）。「I＋動詞＋you」の形、つまり、I love you 型の表現のレパートリーを増やすのもその一つだ。

　I love you. と言うと照れくさくて赤面してしまう人はいても、文法が難しくて言えない！という人はあまりいないだろう。なぜか。その表現をパッケージで何万回と聞いてきたからだ。その調子で、筋トレのつもりで同じパッケージを何回も聞いたり言ったりすることが、英会話の第一歩である。人称代名詞は、日本語にない分だけ、反射的に言えるようにする訓練が必要だ。

　例えば、I know you. はどんな時に使うかを見てみよう。他人を認識できたとき、「あなたのこと知ってる！」という意味で使う。

▶ Hey, I know you! You're that guy from TV!
　（おー、知ってるー、テレビの人でしょ⁉）

もっとも、日本人が有名人を見つけても、こんな言い方をする人はあまり多くないかもしれない。これは英語的な関わり志向の表れでもある。

また、相手の行動パターンや性格をわかっているときにも使ったりする。

▶ I know you. You don't cry easily. Why don't you tell me what happened.

（君はよほどのことがなければ泣かないだろ？　何があった？）＊直訳では「私はあなたのことを知っている」だが、不自然な日本語なので、「だろ？」くらいでそのニュアンスを伝えようとしています。

これも「あなたのことわかってるよ」という意味合いだ。フレンドリーな振る舞いで、英語的である。

単純に見える I know you. だが、日本語に簡単に訳せるわけではない。つまり、日本語にはない発想なのだ。「私」という「個」と「あなた」という「個」がガチンコで相対する表現、つまり、日本語では言葉にしたがらないもの同士を表にはっきり出す表現である。ただ、シンプルな表現なので、こういうパターンから英語脳を作っていくとよい。

日本人は you が苦手

I love you. のように、I を主語として英語で表現することも日本人は一般には苦手だが、you を主語とするのはさらに苦手だ。これは日本語で「あなた」などを目上

の人には使いづらいことと関連している。相手が誰であろうと使える you に相当する言葉がないということも、日本語に人称代名詞がないことを表している。

　例えば、誰もいないと思っていたところに誰かがいて驚かされる、という場合、日本語ではその人に向かって「あーびっくりした」などと言う。これをそのまま英語で考えると、「自分」が驚いたわけだから、I を主語として考える。これ自体は悪くない。だが、I を主語として I was surprised! などと言っても意味は伝わらない。相手は「ほー、何に？」と疑問に思うだけである。

　英語話者からすると、あなたが何に驚いたかわからないだろう。何か別のどこかの出来事で驚いたことを報告しているのかと思ってしまうかもしれない。こういう場合、英語では、

▶ You scared me.（直訳：あなたは私を怖がらせた）

のような言い方をする。「誰が」「誰に」という行為の主体と行為の影響を受けたものを「個」としてはっきりさせるのだ。これが誰が何にびっくりしたかを明示しない日本語との際立った違いである。

　個を個として捉える、そしてそれをはっきりと示す。この感覚は日本語にはないので、こんなに単純な表現でも、日本人にとっては身につけるのにひと苦労である。

　「You＋動詞＋me.」は you というとっても言いづらい言葉を、いちいち考えづらい主語にもってきて、さらに、これまたはっきりさせづらい私ごとの me を目的語

にもってくるという意味で、日本語コミュニケーション文化の対極にある、英語の核心形なのである。

　他にも例を見てみよう。相手の話がわかりづらくてついていけず、何を話しているかすらわからなかったりする。スピードが速過ぎたり、複雑過ぎてついていけなかったり。そのようなニュアンスで「話についていけない」「理解できない」と言いたい時、英語には、

▶ You lost me.

という言い方がある。「あなたが私を迷子にさせた」ということだ。これも「あなた」と「私」を「個」と捉え、表現する英語の核心が典型的に表れた表現である。

　I don't understand. という言い方も悪くないが、こちらのほうがもうちょっと広く「わからない」という意味になる。You lost me. のほうが会話の中で相手と関わっているというニュアンスが伝わる。この意味で、二つ目の英語の核心＝「つながり」ともつながる。

　ちなみに、特にイギリス人は、You've lost me. と言う人が多いようだ。同じ意味と思っていい。

　英語の核心である「個」は目立ちたがり屋である。「個」として認識することが当たり前であるだけでなく、その「個」は主語とか主体になりたがる。これまで紹介した You scared me.、You lost me. のような表現群は、そういう英語の特徴をよく表している。

　「You＋動詞＋me.」という表現は、基本的にみな３語でとてもシンプルだが、英語の核心を知る入り口によ

い。

　シンプルなだけに英語でもちょっと語気の強い表現になるものもあるが、その分、議論などではっきり態度を表さねばならない（一般に日本人はこれが苦手だ）時に有効である。

様々な「You＋動詞＋me.」表現

　日本語の感覚とはだいぶ違うので、ちょっとなぞなぞっぽいが以下の例がどういう意味かを考えてみよう。ただし、こういう短い表現ほど、抑揚など言い方によって意味が変わってしまう。言い方が大事になる。

▶ You caught me.
▶ You got me.
▶ You flatter me.

　You caught me. は「あなたは私を捕まえた」ということだが、これはなにか隠していたことがばれてしまった時に使う。「ばれたか！」というくらいの意味合いである。
　You got me. は get の意味が広い分だけ、この表現の用途も多い。「あなたは私をとらえた」ということだが、「一本取られた！」「やられた！」「参ったな！」というような意味である。「やられた！」も「参った！」も日本語では自分の内面を表現するかのような言い方だが、英語の方は you という「個」が me という「個」に何かをするという表現形式になっている。これも英語の

核心をついている。

flatter は「お世辞を言って喜ばせる」というような意味だ。これも「誰が」「誰を」をはっきりさせた表現である。「お世辞ね、嬉しいけど」という意味あいである。その他にも、

▶ You misunderstand me.（それは誤解だよ）
▶ You tell me.（知りたいのはこっちだよ）
▶ You cut me.（傷つくなあ）

など、たくさんの表現がある。これらの用例は頻度としては必ずしも多いというわけではないが、「あなた」と「私」を「個」と「個」として捉えようとする英語の核心を理解するためには重要な表現群である。日本人にとっては英語の核心に到達する頭ならしにとてもよい。

5　単数か複数かがコミュニケーションのカギ

数とコミュニケーション

　数とは単数・複数の区別である。日本語にはないので、日本人にはすうっと入ってこないのでこれまたやっかいである。

　外国語学習では、数のような細かいことに気をとられすぎると、間違いを恐れて話せなくなってしまう。難しいところは、その一方で、本書でお話ししているように、この区別が英語の核心に関わっているということ

だ。

　核心をよく理解して、さらに話す時にはあまり気にしない（徐々に気にしていく、笑）ことがだいじだ。辛抱強さは人それぞれなので、自分に合わせて、耐えられる程度にいい加減にしておくとよい。

　さて、数は核心の一つである「個」に関わっている。単数か複数かの区別は単なる文法レベルの話と思いがちだ。しかし、これもコミュニケーションの「タテマエ」に関わっていると考えるのがよい。

　代名詞もそうだが、英語の単数、複数の区別は文法的に要求されるばかりではない。小さなことのようで、実は英語によるコミュニケーションの一つの根幹をなすエッセンスの一つだ。

　そんな細かい文法はできなくても言いたいことはだいたい通じるから気にする必要はない、という考えもある。たしかにそれはその通りだろう。しかし、通じるかどうかということと英語を正しく理解して使えることとは別の次元の話である。

　このことは、実はもっと根幹にある、英語の文法だけでなく、会話にも通じる英語の核心なのである。冒頭でも紹介したように、それは牛タンの扱いにまで浸透しているのだ。

複数形のコミュニケーション

　数の扱いは人やものを「個」として捉えることとつながっている。この心の働きは、英語という言語の根底にある英語の核心である。

マーク・ピーターセン氏は名著『日本人の英語』（岩波新書）の中で、日本人を表す Japanese（や Chinese など）が単数形も複数形も同じ Japanese であるのは差別意識の表れではないかと述べている。この見解の正否はともかく（これはネイティブじゃないと言えませんな、笑）、たしかに英語で単数と複数を区別しないのは、それ自体「個」として認められない物質（water など）や、sheep や fish など、よく群れをなして生きていて個体として認識することが少ない動物である。

　一方、複数形が「たくさん」「いろいろ」という意味合いをもつことがある。

　「おめでとう！」を英語でなんと言うか知っている日本人も多いのではないだろうか。でも、日本人がよく言ってしまいがちな、

× Congratulation!

は間違いである。

▶ Congratulations!

と必ず複数形で言う。なぜ複数形なのかネイティブには尋ねられても答えられない人が多い。なぜだかわからないけど、とにかくこの言い方しかしない。

　こういう表現は他にもいくつかある。

　「ありがとう」という意味では、Thank you! をもうちょっとカジュアルにした表現に、

▶ Thanks!／Many thanks!

がある。Thank you. の thank は動詞だが、この thanks
の thank は名詞で、これまた必ず複数形で言う。
　本や論文などでは、助言をもらったり力になってくれ
た人たちに「謝辞」を表す。「謝辞」は、

▶ Acknowledgments

である。これも必ず複数形になる。また、同じことは、
「負」を表す言葉にもある。

▶ My apologies to all.
　（みなさんにお詫び申し上げます）

はフォーマルな言い方で、apology は「謝罪、お詫び、
陳謝」ということだが、「お詫びの気持ちがたくさん」
ということだ。
　その他、薬などの使用法や製品の取り扱い説明書のこ
とは、必ず複数形で directions と言う。これは、普通説
明が実際複数あるからだし、いろいろありますよ、とい
う暗黙のメッセージでもあるだろう。
　また、日本語の「行儀作法」「マナー」に相当する英
語も manners と複数形で言う。こちらもいろいろある
からだろう（めんどくさい？笑）。「お行儀が悪いよ！」
と子どもなどを諌めたりするときには、Manners! と言

ったりする。Don't forget your manners. くらいの意味
の省略形である。

むかしは beer、いまは a beer

　こういう数の感覚は英語話者でも時とともに変わるこ
ともある。

　例えば、「ビール」は液体なので、本来は「水」と同
じように一つ二つとは数えられない。一つ二つとそれ自
体数えられない名詞は単数形を用いる（物質名詞とい
う）。

　数えるなら a glass of beer、a bottle of beer などと数
える（筆者なら a pint of beer でいきたい）。ところ
が、最近はお店などで日本のおじさんたち同様に「ビー
ル二つ」などという場面が増えたからか、two beers な
どと言うようにもなってきた。

　単数は「一つ」で、「個」のイメージが強いが、イメ
ージで言うなら複数は「いろいろたくさん」というイメ
ージをもっている。

　food という語は本来「食べもの」を総称して言う言
葉で一つ、二つとは数えられない名詞、すなわち不可算
名詞（複数形にならない名詞）だった。ところが最近
は、foods という複数形もよく使われるようになってき
た。

　COHA（Corpus of Historical American English）と
いうコーパス（電子的な言語用例集のようなもの）によ
ると、複数形でよく用いられるようになったのは20世
紀後半からで、特に19世紀前半までは複数形ではほと

んど使われなかった。複数形は、店舗とかコマーシャル的な文脈でよく用いられる。「食べものがたくさんある！盛りだくさん！」というイメージで使われるのだ。

これは、食べものの種類を言うことが多くなったこともあるが、事例を見ると、特に商用目的で foods ということによって、「いろんな種類の食べものがあるよ！」というイメージを生みだすために使われていると見られるものが多い。英語の持っている数（複数）のイメージをうまく利用しているのだ。

より顕著なのは technology である。これこそ「テクノロジー」という抽象概念のように思える。だが、これも近年 technologies と複数形で使うことが珍しくなくなった。1950 年代まではほとんど単数でしか用いられていなかったが、1980 年代になって複数形でも使うことが飛躍的に増えた。これも同じで、「テクノロジーがいろいろあるよ！」というイメージを作っているのである。

日本語の数え方との対比で

日本語のほうは、数えられる名詞か数えられない名詞かという区別は文法上ない。英語には区別があって日本語にはないので、英語はめんどくさい言語だと日本人なら思いがちだ。

ところが、日本語には数量詞といって、一個、一匹、一杯、一羽というふうに、ものによって違う数え方をする。これは日本語が母語ではない人にとってはやたらとめんどくさいようだ。つまりお互いさまである。

鉛筆もホームランも列車も、全然違うものなのに

「本」で数えることなど、日本語が外国語の人たちにとっては狂気の沙汰かなぞなぞである。

　日本語の数量詞についてはここでは詳述を避けるが、とにかく日本語のほうは数について言えば「個」の認識がぼんやりしている。まず、数えられる／られないの区別はしない。

　それに対して、英語は数えられる／られないの区別をし、かつ数えられる名詞については単数／複数の区別を義務的にする。例えば「古池や　蛙飛び込む　水の音」という芭蕉の句の蛙が何匹かを日本人はきちんと考えていないが、ラフカディオ・ハーンは frogs と複数形に訳したのは有名な例だ。

　これを文法に限った話とは考えないほうがよい。「個」をはっきり捉えるかどうかは、コミュニケーションの文化やコミュニケーションの「タテマエ」にも反映されている。すべての文法がコミュニケーションと関わっているとは考えにくいが、これは関わっている典型と言ってよい。

世界の英語の複数形

　もっとも、数の感覚と慣用は世界で使われている英語の種類によって違っているようだ。言語学者デイヴィッド・クリスタル（David Crystal）によれば、「列車とホームの隙間に注意せよ」という言い方はロンドンの地下鉄では、

▶ Mind the gap.

だが、中国の地下鉄の英語表記では、

▶ Mind the gaps.

が多いという。ちなみに、中国語には日本語と同様に単数／複数の区別はない。

　こういう世界の英語（World Englishes）をどう考えるかは、英語を学習する際の問題の一つだ。本書でいうような英米人以外にも英語でコミュニケーションをしている人たちは山ほどいる。むしろ数的にはそちらのほうが多いくらいだ。これからも世界でいろんな英語に出会う可能性がどんどん高まってくる。ただ、それについては本書で論じる範囲を超えているので、また別の機会にお話しさせていただこう。

　そうはいいつつも実は、英米圏の中でもそれと似たような違いはある。「宿泊施設」を意味する、

▶ accommodation

は、イギリスでは一般に単数形で用いるが、アメリカでは複数形で用いるのが一般的である。このようなズレは歴史的にはそう珍しくない。「情報」は現代の英米の標準的な英語では information で、必ず単数形で用いる不可算名詞だ。ところが、14 世紀頃には複数形でも用いられていたようだ。

　要は、ある名詞が単数として用いられるのか複数とし

て用いられるのかの問題ではなくて（それも知っておくべきなんですけど）、単数・複数の区別があるということ自体が重要な問題と考えておこう。

単数には輪郭がある

　a/an には、「一つの」という意味がある。語源的には one と同じである。「一つ」は単体として輪郭がある。water などの液体はコップなどに入れない限り輪郭がないので、「一つ」とは表さない。だから、a が前に来ない。つまり、そのように認識しないということだ。

　輪郭がはっきりすることで、「丸ごと」というニュアンスを生むこともある。無冠詞 chicken は食材としての「チキン」を指し、a chiken になると「チキン一羽（丸焼きなど）」を指すようになる。

　本書冒頭で話した tongue の例も同様である。焼き肉屋さんの牛タンは、だいたいスライスされているが、考えてみれば、牛一頭に一つのタン（a tongue）しかない。固有名詞も同様である。Macintosh は Apple 社のコンピュータのシリーズ名だが、a Macintosh と言えば、輪郭がある（ちゃんと箱詰めできる！）「マッキントッシュの製品」のことになる。

「ひとつ」は「ちょっと」

　「ひとつやってみるか」「おひとつどうぞ」のように「ひとつ」は「ちょっと」というニュアンスを生む。これは日本語と英語に共通するイメージかもしれない。

▶ It's worth a try!
（やってみる価値あるよ！）

　worth は目的語をとる形容詞で、try は目的語になる名詞である。a try の a は「ちょっと」というニュアンスを持っている。不定冠詞 a には、さらに「ちょっと」というニュアンスをもつ表現形式がある。

▶ have a bite／have a look／take a walk／
　take a drive／give a smile／make a visit

などの表現群だ。これは軽動詞構文と呼ばれる（構文＝文のパターン）。これらの特徴は、もとは動詞から派生した語（多くは動詞と同じ形）が名詞になって、have、take、give、make などの基本的な動詞の目的語になる。
　この場合、その動詞由来の名詞には不定冠詞 a(n) がつく。「ひとつのまとまった」と「ひとつ」から連想される「ちょっと、軽く、軽い」というニュアンスが生み出される。

▶ Let's take a walk and get some air.
（ちょっと散歩して、風にあたろうよ）

などと言ったりする。「ひとつ」ということがはっきり意識されているわけではないが、二度も三度も散歩に行くのに take a walk という言い方はしない。

▶Let me have a bite.

だと、日本語なら「一口ちょうだい」という感じなので、「ひとつ」という意味合いが意識されやすい。だから、「ガブガブ」と「二口」でも食べようものなら、約束が違う！といさかいになったりするわけだ。

　このパターンの表現で、本来は一つ二つと数えられない（数えない）ものにaがつく理由をうまく説明できる英米人にはあまりお目にかかったことがない。わりとぼんやりとした「一つ」なのだ。

複数と単数の区別が曖昧

　単数か複数かは英語でも捉え方次第である。family やteam はひとまとまりと考えるか、その構成員それぞれを考えるかで、単数扱いか複数扱いかが変わる。

▶My family is from Canada. We all like to ice-skate.
　（うちの家族はカナダ出身で、みなアイススケートが
　好きです）

と言えば、家族全体の出自を言っているが、

▶I was born in England. My family are still there.
　（私はイングランド生まれで、私の〔ほかの〕家族
　〔のメンバー〕はまだそっちにいます）

と言えば、家族のメンバーのことを個々に指しているの

で複数扱いである（それぞれ my family のあとの be 動詞〔is、are〕を見よう）。

　また、fish や sheep など、群れで生きる生き物も単数形のまま単数・複数の区別をしない。

▶ No one knows how many fish there are.
　（何匹魚がいるか誰もわからない）

という具合に用いる。

　眠れない時に「羊が一匹、羊が二匹……」と数えるという昔ながらの眠りに入りやすくする方法がある（効用はさだかではない）。one little sheep, two little sheep ... と数える。

　なぜ羊なのかと言えば、sheep の音が sleep に似ているからというのが定説だ。だが、sheep は、単数形・複数形の区別がないほど「個」として認められていない、つまり数えても退屈で眠くなるくらい一匹一匹の個性がない、ということとも無縁ではない（と個人的に思う）。

　これが犬だったら、そうはいかない。イギリスもアメリカも犬好きが多いので、one little dog, two little dogs ... と数えていたら、かわいくて興奮して目が覚めてしまうことだろう。

　もちろん、羊飼いや牧羊に携わる人たちにとっては感覚が異なっているだろう。ひょっとすると、一匹一匹の羊がかわいく（きっとそうに違いない）、複数の羊なら複数形で言い表したいかもしれない（羊飼いに知り合いがいないので想像です）。

これが言葉の面白いところで、ある言葉を使うモチベーションがあったとしても、慣習があればその通り慣習に負けてしまって、それを受け入れて使うのがふつうである。

6　問われるのは意思

意思を表す will

　意思があるかないかは、「独立」文化の英語ではとても重要であることが、英語の文法、慣用表現の随所に見られる。

　例えば Will/Would you ... ? と Can/Could you ... ? は同じではない。一般的な文法としては、人に依頼をするときの表現として、Will you ... ? と Can you ... ?、さらには Would you ... ? と Could you ... ? は、同等に扱われることが多い。

　ところが、Will you ... ? は、依頼といっても、相手に意思があるかどうかを尋ねるのが基本である。will は意思を表す助動詞だ。そのため、「映画に行きませんか？」と言いたい時に、

▶ Will you go to the movies with me?

と誘うと、誘っているようで、心の中では〔行くのか行かないのか早く決断しろ！〕というくらいのプレッシャーを与えてしまう可能性がある。一方、

▶ Could you go to the movies with me?

のほうが相手に負担がかからない。

　Would you ... ? は、相手がやってくれる「意思」を尋ねるのに対し、Could you ... ? は、相手がやってくれる「可能性」を尋ねる。「可能性」は自分の領域の自分の都合の問題だ。ゆえに、Could you ... ? のほうが断りやすい。自分の問題だからである。Would you ... ? なら、

▶ A : Would you open the windows for me?
　　（〔私のためなんですけど〕窓を開けてくれませんか？）
　B : Sure.
　　（いいよ）
　　〔Bの心の声：しょーがないなー〕

だが、Could you ... ? なら、

▶ A : Could you proofread my paper for me?
　　（私の論文の校閲を頼んでもいいですか？）
　B : Let me check my schedule.
　　（予定を確認させて）
　　〔Bの心の声：自分の都合次第だな〕

という感じになる。

think of の意思問題

　日本人が間違いやすい英語の一つは、think of である。「〜のことを考えている」という表現。この日本語からすると前向きな感じもするが、そうではない。まだ「しようかな」「するかどうか」の可能性を検討している段階の表現だ。「独立」した意思が問われているのだが、「するつもり」という意図、意思を伝えるのには適切でない。例えば、

▶ I was thinking of calling you but I decided not to.
　（電話しようか迷ったけどしないことにした）
　〔心の声：どうしようかなーってとこだった〕

という使い方をする。

　一方、「つもり」という意思を表すには mean to を使うのが適切だろう。mean to は、例えば過去のことについて言うなら、「一度その決意をしている」「そのつもりになっていた」という意味が伝わる。

▶ I was meaning to call you but I couldn't find your number.
　（電話するつもりだったけど番号がわからなくて…）
　〔心の声：ほんとにするつもりだったんだけど…〕

というような使い方をする。

　日本語の「思う」「考える」は、意思のあるなしを問題としないで使えるが、英語では意思のあるなしを明確

にすべく単語を使い分けているわけだ。意思は「独立」の領域に関わる重要な要素である。

---

7 「独立」領域は進入禁止⁉

断言を避ける

　英語の「独立」への配慮のし方は様々なところに表れる。文法から日常的な振る舞いまで英米のコミュニケーション文化の奥底に染み込んでいる。

　「あなたは…だね」という主旨のことを言う時も、You are ... だと、決めつけている感が強過ぎる。

▶ It seems that you are a little late to the party. （パーティにちょっと遅刻したみたいね）

▶ It seems you are a little bit busy with your stud-ies. （研究でちょっとお忙しそうですね）

と it seems をつけることで断言を避けることが多い。

　「アメリカ人ははっきりものを言う」などという半デマ（？）が流されたりしているが、実はそうでもない。断言をするということは、それだけ相手の領域に入っていくということだからだ。

お酌は「独立」への侵害

　一見これとはまったく関係ないように見えるが、「エンパシー」文化の日本人なら（少なくともある世代以上

は）よくやる「お酌」は、英米人にはギョッとされやすい。

　よくある日本人の宴会などでは、目の前で目上の人のビールのグラスが空いていれば、黙って注ぎ足すのが普通だ。さもなければ「気の利かないやつ」と思われかねない。もちろん「どうぞ」くらいは言うこともある。

　グラスが空になっているということは、もっと飲むであろうという前提に（勝手に）立つ。立つのが礼儀である。ところが、英米文化には、この習慣はない。相手の独立した願望を（勝手に）推し量って前提とするのは相手の領域に入り込むことになるからだ。注いであげるなら、

▶ More beer?

と尋ねてから注がないと、相手の心の声は〔わー、こいつ、オレのグラスにまで入り込んでくるぞ！〕ということになる。

見送りの習慣

　この種の習慣は、日本と英米でかなりくっきり差が出る。例は枚挙にいとまがない。

　友人のお宅に夕食に招かれて、帰りに玄関先で見送られているとしよう。日本人同士ならお別れはなかなか容易ではない。何度もお辞儀をしたり、手を振り続けたりする。帰る客もふり返ってまたお辞儀をしたり、手を振り返したりするかもしれない。しかし英米人はいつまで

も見送らない。だいたいさっさと家の中に入ってしまう。

　日本人の心の声は「えっ？　もう家に入っちゃったの？　なんか冷たいなあ。歓迎されてなかったのかな。長居し過ぎたかな」というところかもしれない。

　しかし、これも「独立」志向の文化の表れの一つだ。湿っぽく情を示さない、とか冷たい、というより、家の外まで見送っていると、帰っているところを見張っているように思われるのでそれを避けているのである。

　お客も家の外に出れば「独立」して自由である。それを見張るということは、「個」＝「独立」＝「自由」の束縛ととられる。

　英語は直接的な言語だとよく言われる。たしかに、日本語に比べると、そう言えなくもないところもある。しかし、本章で見たように、それとは裏腹に、相手の「個」と「独立」を尊重し、配慮するということを基盤とした表現群は、どちらかというと間接的だ。本書では詳述できないが、これは他の多くのヨーロッパの言語と比較しても際立った英語の特徴である。

　本章では、「個」と「独立」という観点から英語の様々な表現とその背後にあると考えられるコミュニケーションの文化を取り上げてきた。これらは英語の核心の両輪の一つだ。次章では、ある意味では、それとは正反対の英語の核心のもう一方、「つながり」についてお話ししよう。

第 2 章

英語は「つながり」を好む

1 「つながり」志向の英語

ファミレスの「つながり」コミュニケーション

　ファミレスが日本に「輸入」された当初、店員は「こんにちは。デ〇ーズへようこそ」などと客を迎えていた。多くの日本人はこの言葉とディズニーランド的な笑顔の出迎えにドギマギしたか、外国っぽさを内心喜んだものだ。ただ、これに「こんにちは」と応える日本人はまずいなかったであろう。

　スーパーのレジなどで、「こんにちは」と客にあいさつするところがあるが、これに「こんにちは」と応える客は、観察する限り、筆者の地元では筆者以外にあまりお見かけしない。お店の種類にもよると思うが、次々と会計をこなすスーパーでも筆者は「こんにちは」には「こんにちは」と応えるようにしている。ただ、それに対する店員の態度は概して冷たい（気がする）。なんという裏切りだ（気のせいか）。

　ファミレスやスーパーのような大勢がやってくるお店で、店員と客が「人対人」の「つながり」があるように接する習慣は日本には根付いていない。そもそも日本では「いらっしゃいませ」というのが店員の出迎えの定型句だ。きわめて象徴的なことに、これに対する返答の定型句はない。

　「いらっしゃいませ」に返す言葉が日本語には存在しない（「はい、いらっしゃったよ」などと言うわけにも

いかない）。つまり、店員と客の間にコミュニケーションがない。これは、日本ではお客様と過度に「つながり」をもつのは出過ぎたマネで、無礼とされることがあるのと関係がある。「お客様は神様」とかつてはよく言われた（それはそれで近年は問題視されてはいるが）。

デニーズなどのアメリカから入ってきたタイプのファミレスを、当時筆者は「翻訳レストラン」と呼んでいた。あきらかに日本の習慣とは異なった接客手法が部分的に導入されていたからだ。近年はだいぶ日本化して、日本風のものになったが（これを「ローカライズ」という）。

「つながり」の典型は「フレンドリーさ」

英米や欧米の多くの文化では一般に、お店に入れば店員が初めての客でも Hi! などと挨拶したり、How're you? などとご機嫌伺いの言葉を発するのが普通である。客も Hi! と答えたり、Good! How're you? などと返すのが「礼儀」とされる。

昭和の高度成長期に日本人が海外に多く行くようになった頃、この習慣を知らない日本人は、お店で店員の挨拶を無視するがゆえに海外で不評だった。

このようなコミュニケーションにおいては、一般に英米のほうが日本より「つながり」志向なのである。

こうした「つながり」志向には、フレンドリーさという形で表れるものもある。例えば、空港に到着した客人を迎えにきて、ホテルに向かおうと言う時も、単に、

▶ Let's go straight to the hotel.

（では、ホテルに向かいましょう）

と単刀直入に言うよりも、

▶ You must be shattered after your flight. Shall we
  head to the hotel?
  （長旅でお疲れでしょう。ホテルに向かいましょうか？）

のほうがずっと親しみやすい印象を与える。これこそが
英語の丁寧さだ。あなたのことをわかってますよ、あな
たと私はそれくらい「つながり」のある間柄ですよ、と
いう態度を伝えるのだ。
　あるいは、自撮り写真を撮ろうと提案する時も、

▶ Let's take a selfie here!
  （ここで自撮りしようよ！）

と単に誘うだけでなくて、

▶ Let's take a selfie here! Your（Instagram）follow-
  ers will love it.
  （ここで自撮りしようよ。フォロワーが喜ぶよ）

と相手が喜びそうなことをさらに言えば、乗ってくれる
こと請け合いである。

一言つけ足すのも「つながり」的

英会話のクラスなどで、先生が、質問に対して Yes ／No という答えだけじゃなくて、答えに一言加えよう、と教えたりすることがある。

これも同じ英語的な「タテマエ」を表している。Yes ／No だけで情報としては十分でも、なにかそっけないのだ。そっけないのはもちろん「つながり」的ではない。

これは英語に限った話ではないが、そっけなくしゃべるということはそれだけその会話に従事する時間が短いということで、逆に長い時間の会話は「つながり」を感じさせるものだ。会話は、時間と空間を共有する。たとえインターネットのコミュニケーションでも、ネット上の空間は共有される。時間と空間の共有は、「つながり」そのものだ。「一言つけ加える」とは、時間と空間をつけ加えるということである。

---

2 we は「つながり」の言葉

英語の we も日本語の「私たち、我々」も二つの使い方をする。相手を含めた「私たち」か、相手を含めない「自分たち」かである。当然、前者の場合は、「つながり」志向になりやすく、後者のほうは排他的になりうる。

you か we か

相手に苦言を呈する時、

▶You need to be on time.
　（時間を守ってください）

はキツい言い方になりやすく、

▶We need to be on time.
　（時間は守らなきゃね）

のほうが優しい言い方になる。これは we か you かの問題でもある。
　また、Please hurry. や You need to hurry. というよりも、心の中では〔はやくしろよー、たのむよー〕と思っていたとしても、

▶We need to hurry.
　（急がなきゃ）

と言うほうが自分も含めているので、優しく「つながり」的だ。

「準備できた?」も「私たちごと」
　「準備できた?」という時に日本人が思い浮かべやすいのは、Are you ready? だろう。ライブなどで、ミュージシャンが聴衆に投げかけて、盛り上げようとする言葉としてはよい。「ガンガンいこう」という感じだ。

でも、準備しているまっ最中に、ガンガン行くぞなどと言われようなものなら、準備しているほうはたまったものではない。こういう場合は、

▶ Are we set?

という言い方が優しい。Are you ready? より切迫感がないし、相手のことを言っているのに we なので、相手に寄り添っている表現だ。we と you でずいぶん印象が変わる。

3　「私たち」とは誰のこと?

どこまでが「私たち」か

　I と we は「個」と「つながり」の組み合わさった側面を持っているが、これが英語ではどのように表されているか考えてみよう。

　本書冒頭で示した Excuse us. の話を思い起こしていただきたい。自分だけが「失礼する」のか、自分と一緒にいる人も含めて「失礼する」のかを英語ではいちいち区別する。

　三人以上いるようなところで、「ちょっとごめんなさい、私とこの人だけちょっと席をはずします」という場合には比較的意識しやすいかもしれないが、二人一緒にいて混雑したところで道をあけてもらうような場合にはついつい日本人なら us を使わず Excuse me. と言って

しまうかもしれない。

とある人気バンドのボーカルの方（英語も堪能である）が、YouTube 動画で、「僕たちのバスにようこそ」とバンドのツアーバスを紹介するのに、

▶ Hi! Welcome to my bus!

と始めた。他のメンバーを "my guitarist, ..." などと紹介していたために、英語話者らしき人たちから不遜ではないかというニュアンスのコメントがあった。

ほかのメンバーも乗っているのに、my というのは、やはりバスが自分だけのものという態度に映ってしまう。おそらく、日本のアイドルが、「私のバスでーす」と言っても、「私の乗っているバス」「私の利用しているバス」と解釈されるので、傍若無人に自分だけのバスと言っているような印象にはならないだろう。

英語はちっちゃいことを気にするものだ。先にも述べたが、日本人はこの英語話者の反射的な反応に驚いてしまう。「私たちのバス」か「私のバス」かの違いなど、あまり意識していないことだからである。

Let's と Let us は大違い

we/us が相手を含む「つながり」的な「私たち」なのか、相手を含まない、どちらかというと「独立」的な「私たち」なのかの区別はだいたい文脈次第だが、英語には表現として、この二つをはっきり区別するものがある。Let's と Let us だ。

Let's は Let us の短縮形だが、同じではない。短縮形と元の形とでは必ずニュアンスが違うので、常に同じではないのだが、これについては、まったく意味も違う。

Let's の場合は相手を含んだ us になり、Let us の場合には相手と対峙し、相手を含まない us になる。

Let's go to the police. と言えば、「一緒に警察に行こう」ということだが、Let us go to the police. というと「（あなたは行かないし、連れても行かないが、私たちに）警察に行かせてください」ということになる。英語のこの表現については、二つの us が区別されている。

「私たち」とは言いづらい日本語

何度もお話しするが、we にしろ I にしろ、それらは日本語の「私たち」「私」とイコールで結びつけられるとは限らない。これは「日本語には人称代名詞がない」と言える根拠でもある。

これまでもいくつか見たように、日本語では「私」「私たち」とは言わない場合が多い。そして、「私」「私たち」と言えなくもないが、省略をするというケースもある。

ここでは、もう一つのケースを取り上げてみよう。それは日本語では「私」「私たち」と言いづらいということとつながっている。どうも日本語で「私」「私たち」というと際立ってしまうのだ。自己チュー的に聞こえる傾向がある。

ディズニー映画『ライオン・キング』の一場面。主人公シンバが前王である父を殺したという濡れ衣を叔父ス

カーに着せられ、自分もそう思い込み、母親らの前で父親を殺したのは自分だと告白する。そこでシンバに歩み寄った母親は息子シンバに、

▶ Tell me it's not true.

と語りかける。「違うと私に言って」ということだ。しかし、その吹き替え訳は「うそだとみんなに言うのよ」だった。me →「みんな」という訳である。

　たしかに、そこには母親以外にも親類らしき雌ライオンたちがいる。したがって「みんな」という訳に場面的に違和感はない。どうも「私に」とは訳しづらかったのだろう。場面に合わせて「私」を避けたのである。

　同様に『ライオン・キング』で、その後シンバはスカーを追い詰めるが、いろいろと弁解して命乞いをするスカーに、

▶ Why should I believe you?

と厳しく言い放つ。「どうして私があなたを信じるはずがあろうか」というのが直訳だろうか（この should はなかなか日本語にしづらいが、それはおくとして）。しかし、吹き替え訳は「誰がそんなことを信じる」だ。「私が」のはずが「誰が」になっているのである。

　やはり I は「私」にしづらいのだろう。おまけに you も訳しづらく相手の言っていることが「そんなこと」という訳になっている。

上の二つのような例は、まったく珍しくない。興味深いのは I を省略するのではなく、不定の、漠然とした「みんな」とか「誰が」と訳していることである。それくらい「私」を際立たせるのが日本語ではしづらいのだ。省略とは違う。

4　あいづちも「つながり」志向で

　あいづちは会話の相手との「つながり」上、とても重要だ。無意識に行っていることが多いために、言葉ほど文化の差がないと思いがちだ。ところがそうでもない。

英語のあいづち

　まず、英語ではどのようなあいづちをするかというと、

▶ I see.
　（軽く「そうね」「なるほど」くらいのニュアンス）

などは知っている人も多いだろう。

▶ Yes. ／ Yeah.

ももちろんあいづちになる。「アッハン♡」という色っぽい声を連想してか（ある世代では？）、ちょっと言うのに抵抗がある日本人がいるようだが、

▶ Uh-huh.

というあいづちもよく使う。このあたりは慣れてしまえば、日本語の感覚に近いかもしれない。

▶ Hmm.

などと言ったり（音を発したり？）もする。
　ただ、これらばかりだとワンパターンでつまらない。同じあいづちの連発にならないことも「つながり」志向では大事なことだ。

ワンパターンなあいづちは興味なさそう
　これはつまり、ワンパターン＝つまらない＝興味がない＝「つながり」の「タテマエ」に反する、という図式である。あいづちがつまらなそうであることから、「話もつまらないと思っている」と推測されるということだ。

▶ Right.／Sure.／Exactly.／Indeed.／Absolutely.
　（いずれも「その通り！」と、相手の言っていること
　を肯定するニュアンス）

のように一語で言うものもあれば、同じように肯定するような意味のものでも、

▶ That's true.（その通り）

▶That's a good point.（それなんだよねー）

のように文で発する相づちも定番だ。

▶That's great!／That's amazing.／That's absolutely amazing!（いずれも、「すばらしい！」という意味合い）／How interesting!（面白い！）

という感じで、称賛するタイプのあいづちもある（だいたい褒められると調子に乗ってさらに話したくなるものだ）。

▶I didn't know that!（へー、知らなかった！）

などは、相手の話がオリジナルであることで持ち上げる、「独立」的要素の加わったあいづちだ。いろんなパターンを用いる。バリエーションがあるということ自体が重要なのである。

誤解し合うあいづち

　あいづちには、微妙だが、人によって違うところもある。しかも、誤解し合う可能性がある違いである。アメリカの白人（おおざっぱだが）の男女のあいづち（うなずき）を観察して、調査した研究がある。

　それによると、アメリカの白人女性があいづちを打つのは「あなたの話を聞いてますよ」というシグナルで、白人男性があいづちを打つのは「同意します」というシ

グナルであることが多いらしい。

となると、アメリカの白人男女の会話だとどういうことが起こるか。女性にとって、相手がうなずけば聞いてくれていると思えるので安心して話せるが、男性は同意した時にしかうなずかないので、自分の話を聞いてくれていないかのように誤解する。

男性のほうからすると、相手の女性がうなずいてくれているので、同意してくれていると思うが、あとから同意していないことがわかったりすると「なんだコイツ！」的な印象をもってしまう。男女のそれぞれの特徴をわかっていないと、お互いに誤解し合う可能性があるとされる。

一般的にいって、日本人のうなずき方は、この研究の示す例でいうと白人女性のそれに近いだろう。実際は、もっとうなずく。テレビなどで、タレント、有名人のインタビュー、一般人の街頭インタビューを見ていると、自分が話している時にもうなずきながら話す人が多い。善し悪しはともかく、英米圏と比べると、日本人はうなずき過ぎる印象を与えるかもしれない。

Really? というあいづちは要反応

Really? というあいづちは、言い方によっては、「ウソついてるんじゃないの？」というニュアンスになることもある。それゆえか、日本人としては軽いあいづちのつもりで言った Really? が、英米人相手だと思わぬ反応を受けることがある。日本語の「ほんと？」と英語の Really? の反応のしかたを観察しているとずいぶん違う。

いずれも抑揚（よくよう）などによって異なるが、日本語では、実際に確認しているような感じでなければ、だいたい相手は流す。「ふーん」「へー」に近い。ところが、英語でReally? と言うと、本当に本当か（笑）を確認しているように解釈され、Yes/Yeah などと（日本人からすると）イチイチ（笑）反応してくる。

　また言い方によっては、疑っていると思われる可能性がある。あいづちとしては語尾を下げて Really? というとよい。あるいは、Oh, really と Oh をつけると、疑っていると思われにくい。語尾を上げて連呼すると、嘘に聞こえると思われかねない。

ワンランク上のあいづち

　英語のあいづちが日本人にとって大変なのは、より「つながり」志向で、相手の言い方に呼応させなければならない表現群があることだ。

▶ A : I saw the Goromaru Family by chance.
　　（五郎丸家のみなさんにたまたまお目にかかったんだ）
　B : Did you?
　　（そうなの？）

この Did you? というあいづちは日本人にはなかなか高度だ。I saw と言っているから I とはつまり you のことで（ここまでは大丈夫か）、saw は過去形なので、you saw them? ということだが、それだとあいづちにならないので、saw ... 以下をひっくるめて did で代用させ

る。これが現在形なら Do you? だし、She なら Did she? だ。こんな芸当をこなすには練習がいる。さらに、

▶A : My daughter is also an engineer at your company.
（私の娘もお宅の会社のエンジニアなんですよ）
　B : Oh, is she?
（あら、そうなんですか）

というあいづちのしかたも日本人にはちょっと難しい。
　さらに、この形式のあいづちとして、日本人にとってさらに高度なのは、「〜も」という表現だ。「私も！」と言う時に、

▶A : I love motsuyaki!（もつ焼き大好き！）
　B : So do I.（私も！）

のように、相手が I love という言い方をしているので、(So) do I になる。「〜も」というあいづちには、倒置が起こる（疑問文と同じように Do I などになる）。

▶A : I'm so scared!（こわー）
　B : So am I!（僕もー）

の場合は、相手が I am という言い方なので、(So) am I と答える。これも倒置の形で、過去形 I was なら、

▶A : I was up all night last night.
　　（ゆうべ徹夜しちゃったよ）
　B : So was I.
　　（私もなの）

となる。相手の言っていることと文法的にも「つながって」いなくてはいけないのだ。

　Me too. というあいづちなら相手の言い方にかかわらず使うことができる。このほうが楽ちんだ。ただ、これもちょっと日本人にはやっかいで、相手が否定だと、

▶A : I don't work on Saturdays.
　　（土曜日は休みなんだ）
　B : Me neither.
　　（僕もだよ）

と答える。「つながり」志向もなかなかやっかいである。

5　ちょい足しで「つながる」英会話

長い会話は「つながり」への道

　「つながり」志向の会話にとっての基本は、できるだけ長く話すことだ。長く話すことの意味は、まず第一にそれだけ時間を共有するということである。親しくない人や偉い人に話をする時には手短に話すのが礼儀にかなっていると考えるのはその裏返しである。

メールなどでも、日本語では親しくない人や目上の人に長々と書いてしまうと、「長文で申し訳ありません」と謝ったりする。長く話せばそれだけ、その人の時間を奪い、その時間の分だけ、その人を拘束するからである。

逆に、長く話して情報も共有し、自分のことを話すことになれば、それだけ自己開示することにもなる。腹を割った話は基本的に「つながり」志向である。

これとは裏腹に、会話やメッセージが短すぎると、ぶっきらぼうになる、という危険性もある。エライ人に話す時も短ければいいというものでもない。適度に長く、適度に短い、このバランスが重要である。

ただ、英語が外国語である人は、英語が不自由なあまりついつい寡黙になりがちだ。そういう人たちにとっても、もう一言何か加えるというのは「つながり」の観点からも必要なことである。ちょっとだけおしゃべりになるつもりがけっこうちょうどよかったりする。

ちょい足しで「つながる」会話に

ちょっとした表現でも何か加わっていると、より「つながり」的になる。言い方を変えると、「つながり」志向の英米文化、英語にとってはそれが普通なので、これがないとそっけないと受けとめられやすい。

例えば、「心配しないで」と言いたい時に、軽く、

▶ Don't worry.

というような状況であればいいが、何かの説明をしている時などでは、

▶ Don't worry about that.

くらいまで言ったほうが、きちんとコミュニケーションしようとしていることが伝わるし、（心配しないでと言われて）安心度もより高くなる。

　謝罪の表現 I'm sorry. も、「なんか申し訳ないね」という感じの謝罪である I feel bad. も、about that などを最後に足して、

▶ I feel bad about that.
　（なんか申し訳ないね）
　I feel bad about being late again.
　（また遅刻してしまいなんか申し訳ないね）

と言うと、誠実感が増し、「悪いことしちゃったなー、申し訳ない」という気持ちが伝わりやすい。

　短い表現、簡略な表現はそれだけ「言われなくてもわかる」度が高く、逆に言葉を多く足したほうが礼を尽くしている印象になりやすい。ただし、「言われなくてもわかる」度が高いということはよりカジュアルな言い方で、相手との関係が親密度が高いということでもあるのでバランスが大事だ。

　基本的に、言葉が多いほうが「つながり」志向だし、その意味での丁寧さは高まる。「できない」と伝えたい

時は、I can't. よりも、I'm afraid I can't. のほうが丁寧
だし、

▶ I wish I could, but unfortunately I can't.
　（そうしたいけど、残念ながらできない）

のほうがさらに丁寧である。依頼や誘いを断る時も、こ
の

▶ I wish I could, but ...

は定番で、「できたらつながっていたいんだけど」とい
う「つながり」志向がよく表れている。
　さらに、「つながり」志向を逆手にとった慣用句もあ
る。

▶ Long story short, ...
　（簡単に言うと…）

という表現だ。To make a long story short を縮めたも
のだが、この縮めた言い方が定番になっているというこ
とは、それだけよく使うということで、その文化に染み
こんでいるということである。「もっと詳しく言いたい
んだけど、全部は話せない、残念、ごめん」という気持
ちも伝えられる。
　つまり、この表現は本当は長く話したいという「つな
がり」志向の態度表明になっている。この表現は、あん

まり詳細を話したくない場合に、はぐらかすためにも使ったりする。はぐらかす場合もそっけなく言わずに、この前置きがあれば、「つながり」を保てる。

日本人の英語学習という観点で言うならば、とにかくたくさんしゃべったほうがとりあえずよい。先にもお話ししたように、たくさんしゃべることで、時間と（リアルのコミュニケーションであれば）空間を共有する。それだけ「つながり」的であり、英米文化にとっては好まれる可能性が高い。

もちろんより高度な英語力が身についたら、ただたくさんしゃべればよいというものじゃないという次元の話になるが、それは本書で扱う範囲を超えているのでまずはそこまでがんばりましょう。

6　英語はポジティブに「つながる」

楽観主義は「つながり」志向

相手がどう考えているか、どう思っているかはほんとのところはわからない。しかし、楽観的にポジティブに思い込む（ふりをする）態度は基本的に「つながり」志向である。相手に対して楽観的な前提に立つこと、相手について楽観的な予測をする（ふりをする）ことを表明する慣用的な言い方は英語に多い。

なにかをあげたり、情報を与えたりした時の定番の言い方は、

▶ I hope you like it.
（気に入ってくれるといいけど）
〔心の声：ほんとのとこ、わかんないけど〕

などである。英語ではこういう場合だいたいポジティブで楽観的だ。I hope you like it. よりさらに踏み込んで、

▶ You'll love it.
（きっと気に入るよ！）

と言ったりもする。「きっと気に入りますよ」と、気に入らない可能性などないかのようである。日本人の感覚だと、親しい人には言えても社交辞令的には使いづらい。英語には「独立」志向とは裏腹に、こうしたポジティブで楽観的な言い方をする「つながり」志向の慣習もある。それが英語の二面性である。

返信をくれる前提で待つ
　メールの返信がほしいような場合も、

▶ Please reply to this email.
（このメールにご返信ください）

はちょっと切迫感があり、おっかない感じもする。please をつければ丁寧というわけではない。その意味でネガティブなニュアンスがあるが、こういう場合もポジティブに、

▶ We look forward to hearing from you.
（お返事楽しみにお待ちしております）

というのがよいだろう。この表現はメールなどで返信が
ほしい時によく使う。look forward to は「楽しみに待
つ」ということだが、この表現はあらかじめ予定されて
いることについて使う表現だというところが実はミソで
もある。

　こういう場合のように、返信してくれるかわからない
ような、予定されているとは言えないことに用いると、
当然予定されていることという暗黙のプレッシャーをに
っこりポジティブに言いながらかける戦略だ。〔きっと
返信してくれるよねー、よろしくねー〕という心の声を
表現している。

ポジティブな言葉へ言い換えよう
　語彙の選択においても、ネガティブなことを楽天的に
ポジティブに言うことはよくある。同じことがらを、ポ
ジティブにもネガティブにも言えるような二面的な物事
は、実際多くある。

　例えば、人のことを old と形容せず、elderly と言う
のが一般的になったが、それでも年齢を感じさせる言い
方を好まない場合に mature（成熟している）というポ
ジティブな言い方をする。「私の新しいお隣さんはおば
あさん」ということを言いたい時、

▶ My new neighbor is an elderly woman.

というとネガティブな響きがあると思えば、

▶ My new neighbor is a mature woman.

という言い方をする。そのほかにも、

▶ criticism → feedback
  （批判→フィードバック）
▶ cheap → economical
  （安い→経済的）
▶ chatty → conversationalist
  （おしゃべり→話し上手な人）
▶ stubborn → determined
  （がんこな→確固たる意思のある）
▶ weird → unique
  （へんな→ユニークな）

など、ポジティブな響き、ニュアンス（コノテーション
という）を持つ語を使うのが英米的である。
　基本的にはネガティブなことを言うのは礼を欠いてい
るので、料理の味があまり良くないということも少しひ
ねって表現する。もちろん、おいしい！と言ってしまえ
ばいいのだが、それも不誠実と思うのだろう。

▶ It tastes different.

（なんかちがうねー〔言い方次第、笑〕）

▶ It tastes unusual.
（普通じゃないね）

▶ It tastes strange.
（こんなの食べたことないよ）
〔心の声：まずっ！〕

などの表現だ。

I don't like it. は直接的過ぎるので、

▶ I don't really care for it.
（あんまり好みじゃないんですよね）

と言ったりする。これも好きじゃないと言うことを回避した言い方だ。さらにもっとスマートで知的に、

▶ Some people might like it.
（こういうの好きな人もいるだろうね）

▶ I can see why some people would like it.
（好きだという人がいるのもわからなくはないです）

という遠回しの言い方をすることもある。いずれも、その意味するところは「嫌い」である。

「つながり」志向の動詞たち

単純な言葉なのに、日本語になかなかしづらい英語がある。日本語にはない「つながり」志向が表れている語

たちである。

　例えば、join という語は英和辞典を引けば、「参加する、加わる」とあるので、一見単純なように思われるが、そうでもない。Join us! は、「ジョイナス」という商業施設が横浜にあるくらいワンセットで耳慣れている人もいるかもしれないが、「私たちに加わって！」と直訳してしまうとなんともぎこちない。「一緒にやろうよ！」くらいだろうか。join は「つながり」志向を表しているよく使う語だ。

　ラジオのＤＪなどが、番組の終わりに、Join us tomorrow. などと言ったりする。「また明日！」という意味合いだ。リスナーは実際は聴いているだけの受動的な立場だが、これも「つながり」的な定型句である。

　share という語も「つながり」志向だ。これは日本語には訳されず、最近では「シェアする」というカタカナ語として（よいかわるいかわからないが）定着した。この言葉も「つながり」志向だ。

　例えば昨日あったことを人に伝える時に、tell を使って、

▶ I will tell you what happened to me yesterday.
　（昨日あったことをお伝えしようと思います）
　〔心の声：伝えますよー、言っときますよー〕

というよりも、share を使って、

▶ I will share with you what happened to me yes-
　terday.

（昨日あったことをあなたに共有します）
〔心の声：この話、共有したい、一緒になって考えてー〕

というほうが、「つながり」感がある。tell や say など
を使うと場合や立場によっては上から一方的に言ってい
る印象になりかねない。それに対し「つながり」志向の
share は、相手を話に引き込むことができる（tell は
tell + ○ + ○ と目的語を二つとれる動詞だが share は一
つしかとれないことに注意。だから with〔you〕が要
る）。何かを説明する時にも、単に「説明しますよ」と、

▶ I'll explain the objectives of this meeting.
　（この会議の目的をご説明します）

というよりも、

▶ I would like to share with you the objectives of
　this meeting.
　（この会議の目的を共有したいです）

というほうが（いずれも「このミーティングの目的を説
明します」という意味だが）、プレゼンとしても知的で
スマートだし、聞いている人もより引き込まれるだろう
（share の目的語は the objectives ... だが長いので with
you が前に出てきている）。
　これ以外にも「つながり」志向の英語で、日本語に置
き換えにくい言葉が、ちょっと考えただけでもいくつか

思い浮かぶ。

　commit は最近、某トレーニングジムのＣＭのおかげでカタカナ語の「コミット」がだいぶ流通したが、やはり日本語にしづらい。commit の基本の意味は「（深く）関与する」ということで、強い「つながり」志向の語である。

▶ Up until that point, I had committed myself to being an athlete.
（その時までは、私はアスリートになると心に決めていました）

　ただし、深く関わるのは人とは限らず、ポジティブなものとも限らない。「犯罪に手を染める」という意味でも使う。

▶ The president has committed crimes and abuses.
（社長は犯罪と虐待を行ってきた）

　また company も「つながり」志向をよく表している語だ。「会社」という意味もあるが、日本語にしづらいこんな使い方もある。

▶ Would you like some company?

「いくつかの会社が好きですか」という意味ではない。「ご一緒していいですか？」ということである。company は「一緒にいること、仲間であること」で、つまり「ご一緒してよろしいですか」と尋ねる表現である。相席してよいかを尋ねるような場面でも使う。ちなみに、accompany（「一緒に行く」「伴う」）という動詞ともつながっている。

　これらの語は、「つながり」志向のイディオムも生み出している。

▶ Join the club!

相手の話を聞いて、「私も同じですよ」という意味である。「（僕と同じ）クラブに加わりなよ」ということだが、「同感」や「共感」といった「つながり」的な意味を持っている。特に悪いこと、大変なことがあったときに冗談半分で使われることが多い。

▶ A : I've got no money till payday.
　　（給料日まで文無しだよ）
　B : Join the club.
　　（俺も）

　in good company もよく似た使い方をする。他の多くの人と同じ問題を抱えている、という意味で使う。

▶ A : I can't play baseball——I'm hopeless at it!
　　（野球はムリ——ぜんぜんダメ）
　B : Oh well, you're in good company.

（まあ、みんなそうだよ）

　いずれもどちらかというとネガティブに使うが、それ
でも「つながり」志向の文化が表れている。

I'm fine と言っても「元気」とは限らない

　英語では基本的にポジティブなもの言いをするので、
日本人が古来学んでいる I'm fine. の fine 程度だと、言
い方次第では「そんなによくはない」というニュアンス
になることもある。

　How are you? に対しては I'm fine. と答えるようにと
おそらく中高年以上の世代は学校で習ってきたが、元気
に明るく言わないと、「まあ、大丈夫」「まあまあ」とい
う意味合いになる。

▶ I'm doing great, thanks.
　（調子いいよ、ありがとう！）
　Good, thanks.
　（元気だよ、ありがとう）
　Good, thanks. And you?
　（元気だよ、ありがとう、君は？）

などと元気よく言うほうが相手に余計な心配をさせない
かもしれない。元気に言う、つまりここでも言い方が大
事である。

fine はビミョー

fine という語はこういうビミョーさをもっているので、実はいろいろな使い方をする。

▶ A : You look pale. Are you OK?
   （顔色悪いけど大丈夫？）
  B : Yes. I'm fine. Just a little tired.
   （ああ、大丈夫だよ。ちょっと疲れただけ）

心配されて「大丈夫だよ」という意味だ。この場合、

▶ I'm alright.
  No worries.
＊オーストラリア起源の表現とも言われるが、一般的にも使う。

なども同じで「心配ないよ」という言い方である。
　I'm fine. はニュアンスが言い方と文脈によって異なるので、注意が必要だ。これは英語の難しさというよりこの表現がそもそもあいまいで、二面性があるということによると思われる。また、

▶ A : What about going for a drink tonight?
   （今夜飲みに行かない？）
  B : Yup! That's fine!
   （いいね！）

Bは「いいね！」という感じで、Sounds good! などと

言ったりするのと同じだ。

一方で、投げやりな拗ねた感じで「いいよ」というのも英語でも同じだ。

▶A : Can you look after my pets while I go on holiday?
　　（休暇中、僕のペットの面倒見てくれない？）
　B : That's too much work for me, sorry.
　　（ごめん、ちょっとムリだわ）
　A : Fine! I thought you were my friend!
　　（いいよーだ、友だちだと思ってたのに）

また、日本語の問答の「けっこうです」に似ているfineもある。

▶A : Could I get a beef burger?
　　（ビーフバーガーお願いします）
　B : OK. Would you like something to drink?
　　（お飲みものはいかがですか？）
　A : No, I'm fine. Thanks.
　　（けっこうです。ありがとう）

近年、日本でも主に若者が使う「大丈夫です」に似ているところがあるのが興味深い。「もう一杯どう？」などに対して「大丈夫です」と言われると、オジサンとしては、なにが大丈夫なの？大丈夫ってどういうこと？と思ってしまいがちだ（筆者だけ？）。もちろん「けっこ

うです」「いりません」ということなのは、もう筆者は
知っているが、いまだに違和感を覚える。

　しかし、よくよく考えると「けっこうです」も「よ
い」という意味だから、これまた同じあいまいさがあ
る。実際に、日本で日本語習得中の外国人には、この
「けっこうです」がいいのか、だめなのかわかりづらい
という人もいるらしい。

　考えてみれば、このあいまいさ、二面性は、そもそも
「いい」という概念のあいまいさからくる。日本語で考
えてみても、「いいよー」を何通りで発音できて、それ
ぞれがどんな意味かを想像してみるとよい。英語とか日
本語とかの問題ではないところがある。言い方が大事
だ。これが音声コミュニケーションの難しいところでも
あり、豊かなところでもある（これをソーシャルメディ
アなどで肩代わりさせようとするのがスタンプや絵文字
であろう）。

7　「日本人」の語り方

「日本人」と「日本の人たち」

　「日本の人たちは今年の猛暑による健康被害を心配し
ている」という時に、

× Japanese people are worried about the health
damage caused by the heat wave this year.

と考えてしまうかもしれない。ここでは無邪気に「日本の人たち」→Japanese people と考えてしまっているところが問題だ。

　日本には日本人以外の人たちもいる。たとえ仮に、日本人じゃない人たちがとんでもなく暑さに強く、猛暑も心配していない、という確固たる事実があるならまだしも、同じところに住んでいたら暑いのはみな同じだ（たぶん）。こういうちょっとしたところが排他的に感じさせてしまう。

▶ People in Japan are worried about the health damage caused by the heat wave this year.

と言うならいいだろう。people in Japan は日本人だけではないからだ。

We Japanese は御法度

　「私たち日本人は……」という表現を日本人は比較的好む。ところが、個人間の親しい間柄としての会話では We Japanese ... という言い方は一般に英米人には好まれない。

　これには二つのことが作用している。

　一つは、「私たち＝日本人」をひとまとめにして一般化していることである。個々の日本人は問題にせず、あたかも「私」を含めた日本人がみな一緒であるかのような扱いである。これは「個」を重視する英米人には好まれない傾向がある。

もう一つは、「私たち日本人」と言うと、「私」が日本人の代表であるかのような響きがあり、暗に「私」は「私たち＝日本人」の代弁者として国を代表しているかのような意味を生み出してしまう。まるで、日本人ではない人たちと対峙しているようなニュアンスになるからである。

相手は〔なに、日本人で結託する気？　一丸となるってやつだな。こっちは国の代表じゃないんだけどな〕と思ってしまう。

このような言い方は排他的であり、対決姿勢を含意してしまいかねない。あるいは、友人として話していたつもりが、いきなり国を持ち出してきて戦闘態勢にでも入るのかという気分になる（かもしれない）。

本章では、英語の核心の一つである「つながり」志向を様々な表現や言葉のやりとりを通して見てきた。第1章の「独立」と合わせてこれらは英語の二大核心だ。さらに次章では、これら二つから生み出されたもう一つの核心「対等」のお話をしていきたい。

第 3 章

英語にも「タテマエ」はある

1 「対等」というタテマエ

「英米人は謙遜しない」はウソ

「対等」のタテマエは、日本人には馴染みにくいと思う人もいるかもしれない。特に目上の人への態度としてはなかなか「対等」ぶるのは勇気がいる。

英米人、特にアメリカ人は、堂々としていてフレンドリー、悪くするとなれなれしくふてぶてしいというイメージを持っている人は多いかもしれない。そして、実際にふてぶてしい人もいるだろう。

ふてぶてしさへの許容度は一般に日本よりずっと高く、「堂々としている」というポジティブな評価と紙一重であったりする。実際、本人には悪気はなく、むしろ堂々と（＝〔ほぼ〕ふてぶてしく）するのが適切でよい振る舞いと考えられている時さえある。

お互いは対等な「個」であり、へりくだる態度をとることは求められない。この点では日本人と対照的である。「個」であり「つながり」的であるという一見矛盾する二つの志向が「対等」のタテマエを生み出している。日本人にとってはなれなれしい、ふてぶてしいと思われる態度も、彼（女）らにとってはある意味での丁寧な振る舞いなのだ。

日本のタテマエの一つは、言わずと知れた（？）「謙遜」である（本書では日本で言う「謙遜」と「謙譲」の区別はとりあえずおいておく）。謙遜とは、自分を相手

より低い位置におくということで、それはつまり相手と自分が対等でないということを示す、あるいはそのような「ふりをする」ことだ。英米文化から見るとこれは不均衡な状態に映るかもしれない。しかし、日本語の核心の一つはここにある。

「自分はそんなにへりくだっているつもりはない」と思う日本人も、最近の若者ならひょっとすると多いかもしれないが、実は謙遜的なふるまいは生活や習慣の随所に染み込んでいる。

全然「よろしく」してくれなくてもいいと思っていても、初対面の人にはしばしば「よろしくお願いします」と挨拶する。まったくお世話になっていなくても「お世話になっています」とへりくだる。これが日本（語）の核心にある謙遜のタテマエである。

「お世話になっています」考

筆者もときどき面識のない方から「いつもお世話になっております。初めてご連絡さしあげます」というメールをもらうことがある。はて、いかにして今までこの方に目に見えない方法でお世話をしたのだろう、と自分の超能力に気づかされたりする（わけない）。

「お世話になっています」を英語にすることはできない。直訳することは可能かもしれないが、とても奇妙な英語になってしまう。例えば、「お世話になっています」をいくつかの自動翻訳のサイトで英訳してもらうと、

▶ Thank you for your continuous support.
（常日頃のサポートに感謝します）
▶ Thank you for your help.
（支えてくれてありがとう）
▶ Thank you for helping.
（支えてくれてありがとう）

などになる。英語として間違っているわけではないが、助けたことを自覚していないかもしれない（実際、助けていない）相手は面食らってしまうだろう。

　第1章でもお話しした「個」の問題でもあるが、そのまま英語にすることができない「お世話になっております」の代わりに言うとすれば例えばこんなところだろう。

▶ It's nice to meet you finally. I always hear great things about you.
（やっとお目にかかれて嬉しいです。お噂はかねがね聞いておりました）
▶ Jane always tells me how generous you are.
（ジェインがあなたのことを本当に心の広い方だっていつも話しています）

などと言ったりする。これは前章でお話ししたような「つながり」志向の表現だ。

翌日の「ごちそうさまでした」問題

　筆者くらいの世代だと、前の晩にお酒や食事をおごってもらったりすれば、翌朝には「ゆうべはごちそうさまでした」というのが礼儀であると思っている。

　ところが、英米文化では、一般に普通の食事をごちそうになる程度であれば、翌日までクドクドと感謝し続けない。ごちそうになったのなら、その時その場でお礼を言い、翌日まで「借り」があるようには振る舞わない。その場で感謝はすませ、なるべく早く「対等」に戻ろうとする。貸し借りは、受けるものも与えるものも「対等」であるべくさらっと流すことが多い。それがタテマエであり、礼儀である。

　上司にごちそうになった場合も、

▶ Thank you, Mr. Inoue! You really didn't have to do that. Next time is on me.
（イノウエさん、ありがとうございました。そんなつもりじゃなかったんですけど、ぜひ次回は私に持たせてください）

などと「対等」に復帰するようなことを言う。比較的親しい間柄でも、

▶ Ippei, you shouldn't have! My turn next time.
（イッペイ、悪いねー、次はオレもちで）

と「対等」に戻ろうとするのは同じだ。ただし「感謝も

その場限りで」が基本である。

　仮に日本に暮らす非日本人が、「ゆうべはごちそうさ
ま」というようなことを言わないとしても、早計に無礼
者扱いするのはおそらく正しくない。日本人から見れ
ば、しきたりを無視し、礼を欠いたものに見えるかもし
れないが、彼（女）らが日本の慣習に慣れていないだけ
かもしれない。

　英語では、昨晩のことまで持ち出して、仰々しくお礼
を言えば、おべっかを使っているか、なにかたくらんで
いると思われかねない。「対等」というタテマエがある
ので、恩を感じていることを殊更に口に出すことはしな
い。わざわざ口にすれば、自分の方に借りがあることに
なり均衡を破ることになってしまうからである。

　食事に招かれれば招き返すということはあるが、特別
に大きな恩恵を受けた場合でなければ、翌日以降にクド
クドとまた礼を言うというようなことはしないのが普通
である。日本ならこちらも忘れているようなことにすら
「この前はありがとうございました」などと言われて記
憶の糸を辿るのに苦労することがあるくらいだ。

謙遜は「対等」のため

　この「対等」というタテマエは、英米文化のいろいろ
な行動を読み解くカギになる。英米文化では褒められて
も謙遜しないと思っている人がいるが、そんなことはな
い。「対等」の均衡状態が過度に破られれば（褒められ
ることによって自分が上に持ち上げられ過ぎると）、そ
れを戻すためにある種の謙遜をする。もちろん、

▶ I'm glad you said that.
（褒めてくれてありがとう、嬉しいよ）

と称賛を受け入れることも多い。しかし、さらっと受けとめ、さらっと流し、早々に均衡状態に戻ろうとする。「いえいえ、そんなことは……」「私など……」と謙遜し続けて、そのやりとりを長く引っぱるほうが彼（女）らにはイヤらしいことのように感じるようだ。

　日本人の謙遜には上げられた時に下げるだけではなく、自らをすすんで下げるものもある。常に自己卑下するチャンスをうかがっているような人すらいる。そしてその人が地位の高い人であれば、「腰の低い、謙虚な人」という肯定的な評価を受ける。ただ、日本でも最近はこれも度が過ぎると好まれなくなっているようだ（これはたんなる欧米化ではないように筆者は思うが、本書の扱う範囲を超えている）。

謙遜は失礼？

　過度に上げられてもいないのに、わざわざ自らを下げるような謙遜をする人は一般に英米文化では好まれないか理解されない傾向がある。

　驚くべきことに（もちろん日本人にとって）、むしろそれは彼（女）らに対して無礼ともいえる振る舞いになることすらある。なぜならば、彼（女）らには「対等」のタテマエがあるので、下がったものを引き上げなくてはいけないという義務が押しつけられるからである。

「私は無能ですので」と謙遜すれば、「いやそんなことはないですよ」とそれを否定しなければならない。「個」の原理からすると、自由意志は尊重されるべきなので、押しつけること（無理矢理言わせること、言わされること）は礼に反する。日英のタテマエはこうして時としてぶつかり合う。

　日本人が英語でスピーチなどをする時によく言ってしまうのが、

▶ My English is very poor.
　（私の英語はひどいです）

という謙遜（もしくは言い訳？）だ。この謙遜は、場合によってはめんどくさい。「そんなことないよ」と下げられたのを上げなければならないと感じるからだ（これは日本人でもあるかも）。これを言うなら、

▶ I'm still learning English.
　（英語はまだまだで）

「英語が拙い」というより「まだ学んでいる最中」というほうがポジティブだし、「対等」のタテマエに合う。加えて、「拙い」と言って英語がそこそこうまかったら偽善者あつかいされかねない。そもそもうまい／へたの水準が日本人は高すぎるので、なんとかコミュニケーションできると自覚しているなら、自己卑下しないほうが無難だ。相手も話を聞きたいのであって、英語力を吟味

したいわけではない。

英米人だって謙遜する

ただ、いわゆる謙虚な言い方は英語にもある。

▶ You're being modest.
（ご謙遜でしょう）

と言ったりするくらいだ。ただ、この表現、進行形で言っている。つまり、modest（謙虚である、慎み深い）であるのは一時的だと言っているのである（進行形の一時的であることを表す用法）。逆に言えば、常に modestであるという想定はないということだ。

いくつかよく使う表現を見てみよう。

not exactly は、文字通りで言えば、必ずしもそうではない、という部分的な否定をする表現だが、断言すると角が立つような状況や、控えめに言うのによく使う。断言はきっぱり「独立」的だが、これはやんわり気を使ってる分、「つながり」志向だ。会話の中でも、

▶ A：But wasn't Mr. Inoue a friend of yours?
（でもイノウエ氏はご友人だったんでしょう？）
　B：Not exactly.
（いや、友人というほどでも）

のように使う。謙遜した表現としても、

▶ It's not exactly a party.
（パーティーってほどじゃないけど）

▶ I'm not exactly a computer expert.
（コンピュータのプロってほどでもないんですけど）

のような言い方をする。言い方（抑揚など）も大事だが、普通控えめな表現になる。
　「恥ずかしながら」という日本語はとても日本語的だが、英語でもそういう言い方がなくはない。例えば I'm embarrassed to say（that）...（お恥ずかしいんですが）という言い方もある。

▶ I'm embarrassed to say I've never heard of Inoue the Great.
（恥ずかしながらイノウエ大王については聞いたことがないです）

恥ずかしながら存じ上げません、と潔く知らなかったことを認めた表現だ。謙虚な態度で人に教えを請うような場面で使ったりする（この人物についてはきっと誰も教えてくれない）。対等の原理からははずれるのでどちらかというと「つながり」志向ではない。だいぶへりくだった言い方だ。
　相手が褒めてくれた時に、それを受け入れるでもなく、否定するでもなく、という（どちらかというと）謙遜する言い方に、What can I say? があり、以下のように使う。

▶A : This is the area where Yukichi Fukuzawa was
　　 born.
　　（ここが福澤諭吉の生まれた場所です）
　B : Wow, you really know Japanese history, huh?
　　（おお、日本史に詳しいんですね）
　A : What can I say? I love history.
　　（いえいえ、歴史が好きなだけです）

英米式の謙虚な表現とは

　先にもお話ししたように、ポジティブに楽観した言い
方が英米文化では普通だ。なにかプレゼントする時に
は、ポジティブに、

▶I thought you might like it.
　（気に入るんじゃないかと思って）
▶I hope you like it.
　（気に入ってもらえると嬉しいです）

とよく言う。「つまらないものですが…」というような
卑下をしたりしない。ただ、この言い方、そこそこのも
のを相手にあげるときに言う言葉として慣用化されてい
るので、逆に期待させ過ぎてしまう可能性がある。

　したがって、軽くちょっとしたものをあげるくらいな
ら、

▶（Please）enjoy.（楽しんで！）

くらいが適当だ。いいものをあげると相手は恩義を感じることになるので、「対等」のタテマエからすると不均衡になる。これくらい軽い言い方のほうが、「対等」を崩さずにいられるのだ。もらった方もそんなに大したものをもらっていないことになるからである。

ちなみに、「ちょっとしたもの」でわくわく感を生み出す表現に something を使ったものがある。

▶ Here is a little something for you.
（君にいいものがあるよ）

a little は控えめに言っているが、「けっこういいものだ」と相手は期待するかもしれない慣用的な言い方だ。

▶ I got you something. I hope it's the right size.
（これ君にどうだろう、サイズが合ってるといいけど）

サイズのことを言うことで贈り物をしたという事実から少しずらすような言い方である。これももらう人をわくわくさせるかもしれない。

へりくだらず約束する

何かを約束する場合、日本語で「約束します」という言葉を使うとけっこう重い響きがある。一方、英語で

▶ I promise.

というとややへりくだった言い方になる。約束は下位の者がするイメージがあるからだろう。子どもが親に、生徒が先生になど、力関係がある場合に使うことが多い。

I promise. は、とてもストレートな約束の仕方だが、約束という拘束を自らに課すことで自分の「独立」の欲求を自ら抑制している点で、自分を低い位置においていることになる。へりくだった印象を与える理由だ。これに対して、

▶You have my word.

はより対等な感じを与える。相手に安心感を与える言い方だ。「約束します」より「保証します」に近いかもしれない。

ただ、I promise. とは機能が微妙に違う。使われ方の傾向としては、I promise. は受動的で、「わかりました。すみません、二度としません」（など）の気持ちを表す。

一方、You have my word. はより積極的で、「きっと大丈夫。この私が保証する」という感じだ。「約束するよ、僕が犯人を捕まえてみせる」（ドラマでしか見ない？）などのような使われ方が連想される。

安心感を与えるのはこのような意味合いからだろう。You have my word. は、何かをすることができる人が、そういう人に頼るしかない人に対し「私が保証するから安心しろ」と言っているようなニュアンスである。

加えて、単純に You have my word. はカッコいい言

い方、ちょっと古めかしい言い方、その分だけ強い言い方だとも言える。「対等」志向ではあるが、軽い日常会話ではあまり使わないだろう。

　ちなみに、I promise. の軽い使い方は例としては、友達同士で、

▶ Just try it! No, it's not spicy, I promise.
　（いいから食べてみ！　辛くないから！）

などである。もちろん、このような場合は You have my word. は大げさだ。

2　コメディと笑いの「つながり」志向

お笑いとコミュニケーション
　スタンダップ・コメディ（Standup comedy）というコメディのスタイルをご存じだろうか。comedy bar や comedy club の舞台やテレビなどでコメディアンが一人マイク一本で客席を笑わせるパフォーマンスである。日本ならピン芸人が近いだろうか。最近は、Netflix など有料の動画配信サービスの多様なコンテンツの一つとしても人気があるので、そういうところでも見つけられる。

　日本では「ピン芸人」は少数派で、伝統的な漫才の基本型はご存じのように「ボケとツッコミ」の掛け合いである。落語は一人語りの話芸で英米でいう「ストーリー

テリング型（話のストーリーを聞かせる）」に似ているが、だいたい登場人物が複数いて、その掛け合いを一人で演じることが多い。それを含めると、日本の笑いは最低二人の人間を必要とすることになる。筆者の知る限り、日本の多くの「ピン芸人」のスタイルは基本的に「ひとりパフォーマンス」で、独白的である。

スタンダップ・コメディとボケとツッコミ、あるいはピン芸人の違いとその背後にある日英（米）文化の違いを解き明かすために必要なコミュニケーション行動のもう一つの核心はまたもや「つながり」である。

大人数を相手にパブリックな語りかけをするコミュニケーションにおいては、通常英米文化の人たちのほうが「つながり」志向をよしとする。パフォーマーも聴衆も「人対人」の「つながり」を持つ（あるいは、持っているふりをする）のが礼儀、あるいは普通である。

スタンダップコメディアンは聴衆に直接語りかける。聴衆は笑う。笑ってあげることは「つながり」志向の行動であり、聴衆はパフォーマーとの「やりとり」として笑うことが期待される。英米の場合、聴衆は笑うべくそこにいる。

日本の場合、聴衆は第三者として見ている存在である。パフォーマーに気は遣わない。大阪・なんば花月の客たちは、漫才も面白くなければ笑わない、という厳しい反応で知られているが（それも「芸のこやし」になるとされているらしい）、それとは大きな差がある。

日本のコメディは、お客さんはつながりをもつ「相手」としてではなく、基本的に外から眺めている第三者

であることが基本だ。したがって、コメディアンは二人で自己完結的にボケとツッコミで成立させねばならない。客とパフォーマーとの間には、英米文化型にくらべると「人対人」のつながりは少ない。

アメリカ人はジョークでスピーチを始め、日本人は……

コメディに限らず、一般的なパブリックスピーチにもこれは当てはまる。スピーチについてよく言われる話は、アメリカ人はジョークでスピーチを始め、日本人は謝罪で始めるというものだ（「僭越ながら……」などと話し始めたりする）。

「つながり」志向の英米文化においては、一般にもしばしば、スピーチやプレゼンをジョークで始めることがよいとされる。インターネット上には、そういう助言をしたり、ジョークのサンプルを挙げているサイトが多数ある。ためしに、"Opening Jokes" などで検索してみるとよい。

いくつか例を挙げてみよう。

——いささか仰々しい紹介を受けたあとで、

▶ Wow! After that introduction, I'm either the wrong speaker or you're the wrong audience.
（いやー、そんなご紹介をいただいちゃって。それには私は場違いか、あるいはみなさんが場違いな客です）

これなどは臨機応変でウマい。半分自虐的だ。自虐は対等の「タテマエ」を逆手にとったギャグである。

結婚式のスピーチを頼まれて思案するという人も多いらしく、それ向けのサンプルも多い。

▶ I want to start by saying that, of all the weddings I've attended over the years, this one is, by far, the most recent.
　（最初にこのことを申し上げたいと思います。ここ数年で私が出席した結婚式の中で、本日の結婚式は、ダントツで一番最近のものです）

　仰々しく始めて、肩すかしで落とす、というパターンだろうか。コメディっぽい。

Ice break は「うちとける」

　ジョークで笑わせることによって、話し手と聴衆との「つながり」ができて、聴衆はより話に耳を傾けてくれる、とされる。ice breaker という言葉があるが、象徴的なことに、これに対する日本語には「うちとける」という言葉があるが、「溶ける」ではなく「割って」しまうのが、英米的（とくにアメリカ的）である。
　「うちとける」にはしばしば「解ける」という字が当てられるが、日本語の同音語は基本的につながっている（後から漢字をあてている）。
　ジョークのサンプルを見る限りは、筆者からみるとそんなに面白くもないものも多い（苦笑）。笑いのツボが違うのかもしれないが、どこが面白いかよくわからないものもけっこうある。

英米人はジョークがうまい、などとよく言われる。た
しかに、彼（女）らにはそのような慣習があり、ジョー
クを言い慣れているということはあろう。しかし、彼
（女）らが笑いを取れるのは、聴衆が一種の礼儀として
笑うことを期待されているという面も大きいと思われ
る。
　筆者も職業柄、人前で話すことが多いが、ジョークの
反応に関しては若者のほうが厳しい（筆者のジョークの
クオリティはとりあえずおくとして）。面白くなければ
笑ってくれない（そして深い孤独感にさいなまれる）。
それに比べると、（筆者の場合）一定のご年齢以上の女
性の方々のほうがよく笑ってくださる。女性のほうが一
般に「つながり」志向がより強いという調査、研究もあ
るが、これもその表れだろうか。

3　ファーストネームで呼ぶか問題

呼びかけのファーストネームで「個」を認識

　序章でもとりあげたが、ファーストネームについても
う少し掘り下げてみよう。ファーストネームで呼ぶこと
によって「個」として認識をする。そして、それプラス
「親密さ」を表す、ということは序章でお話しした。
ファーストネームで呼ぶことは基本的に「つながり」志向
だ。英米圏、あるいは欧米圏では、ファーストネームで
呼び合うのが普通である。
　さて、ファーストネームは会話の中でどのような役割

を果たしているだろうか。あいさつをする時も、単に、Hi! と言うよりも Hi, John. と言うほうが親しさを表すことになるし、「つながり」志向的である。目上の人などに、例えば、

▶ Good morning, Mr. Williams.
（ウイリアムズさん、おはようございます）

のような言い方をすると、敬意を表すことになる。カジュアルなあいさつだと、Hi や Hello なしで名前だけを呼ぶこともある。

▶ D：John.
　J：David.

という感じだ。一方、日本語の場合には、相手の名前を呼びながら話をするということが英語より少ない。

▶ T：おはよう、はなこ。
　H：元気？　たろう。

などはありえなくないが、多用するとまちがいなくウザい。

日本映画の英語字幕に見る名前の呼びかけ

　この差を如実に表すのは、英語の映画の日本語字幕だ。英語音声、日本語字幕で、耳をすましながら視聴し

ているとわかるが、相手の名前を呼ぶ部分はあまり日本語字幕に反映されない。

　字幕にはスペース（字数）の制約があるし、吹き替えも口が動いている間という時間的制約がある。オリジナルの英語では名前を呼んでいるが、ちょい役だったりすると、日本語版では名前が呼ばれることなく、映画を観終わっても名前がわからないということもしばしばある。

　逆に、日本の映画の英語字幕には、オリジナルの日本語では相手の名前を呼んでいないセリフなのに、英語字幕では相手の名を呼んでいるものがある。

　例えば、ジブリの『紅の豚』の一場面。下は字幕英訳である。

▶ポルコ：少佐か。出世したな、フェラーリン。
　（So you're a Squadron Leader now?）
　フェラーリン：バカが。なんで戻ってきたんだ。
　（What did you come back for?）
　ポルコ：行きたいところはどこへでも行くさ。
　（I go where I want, Ferrarin.）

　最初の日本語の「フェラーリン」は場面として、フェラーリンが初登場だったので、何者であるか、ポルコ・ロッソと知己の間柄であることを示していると考えられる。問題は最後のポルコのセリフだ。

　オリジナルの日本語では出てこない「フェラーリン」が英語訳では出てくる。相手の名前を呼ばずにはいられないといった感じだ。

アドレス・タームの役割

　このやりとりからも推察できるように、内容が一歩ぶっちゃけトークに入ったり、心理的に相手にせまろうとしたり、親しさを表現したいときに、相手の名前を呼ばずにいられない傾向が英語にはある。

　おそらく日本語で相手の名前を呼ぶ場合の多くは、相手を特定したり、呼び止めたりするのが主な目的だろう。英語の場合、相手を呼ぶ目的はより「つながり」志向だ。日本語と英語のバイリンガルの人たちの中には、この相手の名前を呼ぶことは、機能は違うが、感覚的には日本語の「ね」「よ」などの終助詞に似ているという人たちもいる。

　名前を呼ぶばかりでなく、夫婦や恋人同士なら honey、sweetheart、男性には man、dude、mate など呼ぶ表現はいろいろだ。これらは、親愛の情を示すのに欠かせないものになっている。それに Yes, sir. の sir のように、かしこまっていることを表す呼びかけ語もある。

　「仲間」という意味合いの pal もよく使われる。親しさを表す言い方になる。例えば『スターウォーズ　ジェダイの帰還』でハン・ソロがよく使っている。

▶ I'm all right, pal. I'm all right.
　（大丈夫だよ！大丈夫！）

▶ I'm okay, pal.
　（僕は大丈夫だよ）

このように、安心させようと親しさを出している言い方だ。

　ただし、「独立」と「つながり」は表裏一体だ。過度の「つながり」志向は「独立」を脅かすことになるという話をしたが、親しくもないのに pal と言うと、

▶ I'm not your pal.
　（おれはおまえのパル〔仲間〕じゃねえよ）

と言い返されたりすることもあるらしい。面白い。

相手の名前を忘れたら

　人の名前を呼ぶことは「つながり」的に重要だ。アメリカの作家で伝説の自己啓発家、デール・カーネギー（Dale Carnegie）は、人の名前を覚えて呼んであげることの重要性を説きながら、

▶ A person's own name is the sweetest name to that person's ears.
　（人の名前は、その人の耳に一番心地よい名前だ）

と言っている。啓発されてなくても、自分の名前を呼んでもらえることは、嬉しいものだ。

　でも、人の名前を忘れてしまうこともある。相手の名前を思い出せない時はどうやってその場を切り抜けるか、ということを書いたブログなどは英語圏にはやたら

多い。人の名前を呼ぶことが日常会話で必須で大切であることの表れだろう。できれば、

▶ I don't remember your name.
（あなたの名前思い出せなくて）

などとは言いたくない。これは「つながり」を絶つ宣言のようなものだ。日本でもありうるが、名前を呼ぶことがより望まれる文化では、より必要に迫られた対処法なのだろう。だいたいどのブログでも書いてあるのは、次のようなものだ。

　まずは、たまたま思い出せないと言う。本当は覚えているんだけど、と言い訳をすることで「つながり」を維持しようとするわけである。

▶ I know your name, but I'm blocked.
（名前知ってるんだけど、たまたま今思い出せなくて）
▶ Of course, I remember you, but your name has slipped my mind.
（もちろん、君のこと覚えてるよ。ただ、ちょっと名前がとんじゃって）

などと言ってみる。

　パーティや会合など社交的な場面では、別の知人（以下では Henry）を会話に引き入れて、

▶ Why don't you introduce yourself to Henry?

（ヘンリーに自己紹介したら）

と名無しさん（いや、ほんとはあるんだけど）に言って
みる。こういう場面では他人同士自己紹介し合うことが
よくあるという慣習があるので使いやすい手だ。もし、
二人とも知らなければ、

▶ Why don't you say hello to each other?
　（自己紹介し合ったら？）

などと自己紹介をし合うようにさせる（なかなか日本人
にはできない芸当だ）。あるいは、こういう切り抜け方
もある。

▶ I'm so sorry, I've forgotten your name.
　（ごめん、名前忘れちゃって）

と一見正直に言ってみる。そうすると、相手が、

▶ It's John.（ジョンだよ）

と答えると、すかさず（ただしウソだが）、

▶ Oh, I know it's John, I meant your last name.
　（いや、ジョンはわかってるよ、苗字〔ラストネー
　ム〕なんだっけ）

138

と答えてみることでまんまと名前をゲットしたりする。なんだかミエミエのような気もするが、「つながり」を維持しようとしている意志は伝わる。さらに、

▶ Remind me——what's your last name?
　（えっと、ラストネームなんだっけ？）

とファーストネームはわかっているふりをする。たしかに、英米人はファーストネームで呼び合うことが多いので、ラストネームはふだんは意識にのぼりにくい。ただし、これは、ラストネームを尋ねたら、まとめてファーストネームも一緒に答えるだろうという見込みの作戦である。

4　謝り過ぎない、感謝し過ぎない

なんでもかんでも「すみません」

　海外では、日本人は謝ってばかりいる、感謝ばかりしているという印象をもたれることが多い。これには二つの要因があると考えられる。

　一つは、日本語の「すみません」の汎用性の高さだろう。日本語の「すみません」の範囲は広い。まず、(I'm) sorry. と Excuse me. の両方をカバーしている。英語でもこの二つのどちらを使ってもよい場面はあるが、基本的には、I'm sorry. は謝罪をする表現だ。Excuse me. は「ちょっと失礼」くらいのニュアンスだ

ろうか。ところがどうも、

▶「すみません」= I'm sorry.

と反射的に思ってしまう日本人が多いようで、Excuse me. 程度でよいところを I'm sorry. と言ってしまう。

　さらに、「すみません」は軽く感謝を告げる時にも使う。なにかをしてもらって、「すみません」という言い方をすることはよくある。その感覚で、「ありがとう」の意味で I'm sorry. と言ってしまっている日本人も少なくないようだ。つまり、「すみません」の適用範囲がとても広く、かつ「すみません」= I'm sorry. と思ってしまうために、常に I'm sorry. と言っている印象を与えてしまう。

　ある日本人Mさんが、イギリス人の友人にこの調子でSorry を連発していたら、

▶ Don't say "sorry" too much.
　（そんなに「ごめん」ばっかり言うなよ）

と言われてしまい、Sorry.（ごめん）と答えたという逸話もある。このMさんの場合、叱られたと思い、そう答えたと思われるが、この友人からすると、友人であるがゆえに、Sorry の連発はへりくだり過ぎた印象を与えたのだろう。

謝られるのは居心地悪い

　このことはもう一つの要因の話につながる。それは、英米文化、英語の重要なタテマエ、「対等」の原理から外れてしまうということだ。

　先ほどのイギリス人にとってMさんは友人である以上、「対等」の関係で接したいと本能的に考えるのが英米文化だ。Sorry の連発は、単純に鬱陶しいということもあるだろう。どんな言葉も繰り返されると鬱陶しいのは世の常である。しかし、それ以上に、謝られ過ぎることは「対等」志向の文化では居心地が悪いのである。謝ることは、相手より下位に位置することを表明する態度だからである。

　謝るような場面であっても、

▶ Please forgive me.（どうかお許しを）

などというのは相当な過ちを犯した時で、普通は大げさである。下手に出過ぎは「対等」のタテマエを崩すことになる。

日本人は感謝もし過ぎ

　日本人には「感謝し過ぎ」というもう一つの名声があるが、これも同様である。もちろんなにかをしてもらったり、なにかをもらったりすれば感謝するのは当然だ。ただ、ちょっとしたことでは、先ほどのMさんの「すみません」のような感覚で Thank you. を連発するとこれまた「対等」志向の文化では違和感を覚える英米人は多

いだろう。感謝されるということは、相手より上位に位置されることになるからだ。

　英語文化では、ちょっとしたことに対しては、あまり大げさに感謝しないのが一般的である。軽いことにはThanks! くらいで軽くすます。だから、

▶ Thank you VERY MUCH!（＊大文字は強調）

と very much を強調するとだいたいイヤミになる。

▶ Thanks a LOT!

の a lot を強調するのも同じだ。「大きなお世話だ、ありがとよ！」という感じか、何か嫌なことが起こった時に使えば、「ちくしょうめ！」という腹立ちまぎれの捨て台詞のような感じにもなる。

　ただ、プレゼントをもらったりする時には、英米人はむしろ日本人よりおおげさに（？）喜ぶところを見せる。これはつまり、（このプレゼントは）普通以上だ、「対等」志向の平常時とは違っているのだということを表明しているのである。

　同じ意味で、ちょっとしてあげたことに対して軽くお礼を言われて、その返礼として、

▶ It was all my pleasure.
　（どういたしまして。光栄です）

などというのは大げさだ。これも同じ原理である。「対等」のタテマエに反するからである。「キャンディくれたくらいで大げさな！」となりやすい。

また、プレゼンの終わりにもあまり聴衆にお礼を言い過ぎると、「対等」の原理を崩すことになる。たとえ自分のためのプレゼンであるとしても、話し手と聴衆は「対等」のタテマエにある。ここでも感謝し過ぎは、違和感がある。聴衆は「そんなに感謝されるほど、施しを与えたのかな、時間をこの人のために使ってやったってこと？」という気持ちになってしまう。

日本の感謝と謝罪

謝るのと感謝を一緒にするなんて、と、こういう日本人の英語は笑いのネタになりかねないが、バカにしたりするという類いのことでもない。「対等」の「タテマエ」はあまり日本のコミュニケーション文化には適用されないというだけのことだ。

逆にそれは日本の言語、コミュニケーション文化の特徴ということでもある。謝り過ぎ、感謝し過ぎ、と書くとお気づきと思うが、考えてみれば、感謝の「謝」と謝罪の「謝」は同じ字を書く。ちなみに、漢字の本家の中国語では「謝る」に「謝」の文字は使わないようだ（「致歉」など）。

謙遜においてもそうだが、日本人はどちらかというとへりくだっている（ふりをしている）ほうが慣れているので、居心地がよかったり、平常心でいられるところがある。ただし、謙遜のところでもお話ししたが、腰を低

くしていれば安全、誰も不快に思わないという感覚は世界共通ではない。

5 謝らない英米の謝罪事情

謝らない理由・謝る理由

　そうやってみると、日本人に比べて英米人（たぶん日本人以外の多くの世界中の人たち）はあまり謝らない。逆に言えば、日本は謝ることについての心理的障壁が低い。これも、日本の、自分を低めることで敬意を示すというコミュニケーションの慣習があるためであろう。

　日本の旅行代理店や海外旅行先のガイドさんなどが、車を運転する旅行者に対してよく言うのは、事故を起こしてもすぐに I'm sorry. と言うな、ということである。なぜなら、I'm sorry. と言ってしまえば、その事故の責任は自分にあることを認めることになるからだ。そもそも、よっぽど自分に非があることが明白でない限り、容易には謝らないのが世界標準だ。英米でも同様である。

　日本の「すみません」は人と人との潤滑油という側面がある。お互いが「すみません」と言ったり謝罪することで、事を荒立てずにすむことがしばしばある、というのが日本のよくある風景だ。事がさほど重大でなければ、このやりとりにおいて、謝罪する側は、謝罪すれば相手も「いえいえこちらこそすみません」「私も悪かったです」という対応をする。これは、相手の対応を期待するという意味で「エンパシー」志向である。

アイムソーリー法

　お互いが謝ることで、人間関係がギスギスしないですむと思うのは実は日本だけではない。アメリカでは、交通事故などのあとであまりに謝らないので、ちょっとは謝ろうよという機運が高まった。どちらが何％悪いのかを争いかねないケースでは、たいていの人は謝らないからである。

　アメリカでもやはりそれは人間関係をギスギスさせる。それを受けて、いくつかの州では、通称I'M SORRY Law と呼ばれる法律が制定されている。これは、交通事故などの直後の当事者の "I'm sorry." という発言は裁判の判断材料にしないというものである。

　実際には、この法律が適用されているのは医療の場が多いようだ（たぶんこちらのほうが目立つのだろう）。手術のあと、待ち受けている家族に対して医者が声をかけるという場面がある。不幸にして、患者が死に至った場合、医者は、I'm sorry. と口にするのはありうる話だ。ただ、この表現には二通りの意味がある。一つは、「ごめんなさい、私がわるうございました」、であり、もう一つは「残念です、お悔やみ申し上げます」である。

　この二つの解釈にずれがあると問題になる。医者は後者、つまり「お悔やみ」のつもりで言っても、遺族からすれば「執刀医が非を認めたぞ！　賠償を勝ち取ってやる！」というふうになりうることは容易に想像できる。大切な家族を失ったものとして感情的になって寛容な判断ができなくなることもあるだろう。

しかし、医者から見れば、最善を尽くしたのに、命を救えなかったからといっていちいち責任を問われてはたまったものじゃない。どんなにうまくやっても患者が亡くなることはありうる。そして、亡くなったことにお悔やみを言いたいのは人としてまっとうな感覚だろう。訴訟を恐れて、それも言えないのも人としてどうかというところだろう。

　本章では、「独立」と「つながり」を土台とした「対等」という英語のもう一つの核心を論じてきた。これで、三つの核心、三本柱が揃ったことになる。ただし、英語のコミュニケーションは実際にはそう単純ではないものもある。これらが複合的に組み合わさっている様相を次章以降で見ていこう。三つの核心の応用編である。

第 4 章

英語の世界は奥深い
【応用編】

1 「自己主張」を考える

「アメリカ人は自己主張が強い」は正しい？

　英米人の「個」と「独立」の意識の高さは、抑制の効いた対人的な距離感に表れる。自分の領域に入り込まれることへの抵抗感や、相手の領域に入り込むことへの遠慮が典型である。しかしそう考えると謎がある。先にもふれた、巷でよく耳にする「アメリカ人は自己主張が強い」というイメージと真っ向から矛盾するように見えるからだ。

　しかし、よくよく考えると、人の「独立」した領域に入り込みたくないことと、自分の希望をはっきり言うことはなんら矛盾しない。そして、これは先にも述べた日本のコミュニケーションの原理の基本である「エンパシー」と合わせて考えると理解しやすい。

　典型的な英米のコミュニケーションの原理は「独立」的なので、「自分のことは自分のこと」である。これはウラを返せば、「あなたのことはあなたのこと」だ。

　自分の「独立」した領域は守られている。一方、相手の「独立」も守る。これはつまり、相手が思ったことを言うことに対して寛容であるし、尊重もする。そしてそれは、自分も思っていることを言っても大丈夫、尊重されるはず、という前提につながる。

　英米のコミュニケーション文化では、自分の思うこと、希望を言ってもよいのが「タテマエ」だ。それが相

手の希望と異なっていれば、次は交渉である。

　『となりのトトロ』の英訳（*My Neighbor Totoro*）の Streamline版（1993年）は、アメリカ化し過ぎているきらいはあるが、むしろそれだけに英米文化を知るよい手がかりになる。

　入院中の母親を見舞うメイとサツキ。母親は姉のサツキの髪を「ちょっと短すぎない？」と梳かす。妹のメイは、それがうらやましく、「メイもメイも！」と甘えてせがむ、と、おそらく日本人の誰もがそう解釈するシーンである。

　ところが、である。このシーンのびっくり英訳を見てみよう（字幕版）。

▶母：ちょっと短すぎない？

　　（Why don't you let me brush your hair?）
　サツキ：私、このほうが好き。

　　（I'm glad it's short.）
　メイ：メイもメイも。

　　（I want mine short too.）
　サツキ：順番！

　　（When you're my age.）

この英訳の是非や評価はここではやめておこう。オリジナルとまったく異なった会話になっているが（それ自体は、たぶん多くのファンはダメ出しするでしょうね）、是非はともかく非常に英米的になっていることに注目して見てほしい。こんな小さな子どもたちで、しかも親子

であっても、というのがポイントだ。

　まず、母親の「ちょっと短すぎない?」は、相手の領域にだいぶ踏み込んだコメントである。自分がどんな髪型にするかはその人個人の「独立」した好みの問題である。よって、翻訳者は、

▶ Why don't you let me brush your hair?

つまり、母親自身、自分の願望として「髪を梳かせて」と言っていることにしている(ちなみに吹き替え訳ではさらに Why don't you let me brush your hair for me? と、for me とまで言っている)。
　「私、このほうが好き」の、

▶ I'm glad it's short.
　(ショートヘアで嬉しいの)

は妥当なところだろう。
　さらに注目は次のメイだ。「メイもメイも」はたしかに「メイも」何なのかは明言していないが、日本人なら彼女の気持ちや言いたいことは明白だ。久しぶりに会えたお母さんに甘えた気持ちで私も髪を梳かしてほしいとだだをこねるのはむしろ自然でかわいくさえある。ところが、

▶ I want mine short too.
　(私もショートにしたい!)

と、まるで違うセリフになっている。

　だだっ子は基本的に英米文化ではかわいくない。「お母さん、私の髪も梳かして」はお母さんに負荷をかける、つまりお母さんの「独立」を脅かす行為なのだ。

　ここで、メイのセリフは自分の希望を言うセリフに変えられている。アメリカ人の（と思われる）翻訳者だってメイをかわいくない子にはしたくない。お母さんの「独立」を尊重し、かつ自分の希望はきちんと発言している。

　まさしく、それが英米のコミュニケーション文化の「いい子」だ。メイがかわいくていい子であるように描こうとする意図はおそらく同じだろう。「いい子」像がこれほど違う。もちろんこれは大人でも言える。

　ちなみに、次のサツキの「順番！」の、

▶ When you're my age.

は「私の年くらいになったらね」ということで、いわばつじつま合わせだ。ショートヘアはお姉ちゃんくらいの年にならないとふさわしくない、という、日本の誰もが聞いたこともない日本文化が捏造（笑）されている。

日本のエンパシーと「自己主張」

　これに対して、日本のような「エンパシー」のコミュニケーション文化では、自分の発言によって相手がどう影響されるか、相手がどう思うか、というところまで思

慮が及ぶのが典型である。かつ、一般にそれが美徳とされている。そのため、自分の思うことや、希望をそのまま伝えると、相手にどのような影響を与えるか、自分がどう思われるかを意識する。もちろん、このようなコミュニケーション文化がよいように作用するばかりとは限らないが、日本が長く培ってきた文化だ。

　そのような「エンパシー」の文化から、「独立」の文化のコミュニケーションを見るとどうだろう。「独立」の文化ではとりあえず自分の希望を言ってもよい（それによって他者に影響を及ぼすと思わない）ので、「私はこうしたい」と言う。しかし、周りを気にせずそう言うことが、「エンパシー」の文化では「自己主張」ととられやすいのはある意味、筋道が通っている。

　もちろん、「空気を読む」という日本的なコミュニケーションには、近年批判もある。昨今の国際化社会では、場合によっては、日本的なほうが不利益を被ることもあるだろう。それについてはまた機会をあらためて書きたいと思うが、よくも悪くも、我々が培ってきたコミュニケーションの文化であることは確かだ。

ビジネスシーンで意見を言う

　英米文化に戻って、より具体的なビジネスシーンでの「自己主張」を考えてみよう。最近は職場の雰囲気も、旧来の伝統的な「上司の言うことが絶対」というわけでもないオフィスも増えてきたかもしれない。効率性やストレスを考えると好ましい変化であろう。

　ただ、依然として、上司やクライアントに対して自分

の意見を言うのは、必ずしも容易ではないように思う。英米などは日本より上司が高圧的にならないようなイメージがあるかもしれないが、必ずしもそうでもない。ポイントは「独立」と「つながり」の合わせ技だ。

例えば、上司から作業手順について意見を求められるという場面を考えてみよう。自分が下の立場であれば、訊かれないと意見を述べにくいかもしれないが、得意なこと、よくわかっていることなら、喜んで意見を言うかもしれない。

▶I think we should start with A, because X, then we can move on to B and C.
（まずAから始めるのがいいと思います。Xだからです。それからBとCに移るとよいでしょう）

専門的な内容であるほど、自分の意見とは無関係に正解はあるはずだという前提がこの話者にありそうだ。その分言いやすい。これは日本語でも日本文化でもそうだ。日本語でも同様の表現を用いるが、ポイントは、

▶I think we should ...

のように個人的な見解を述べる形である。これは、「私の意見ですよ、押しつけてるわけじゃありませんよ」という気持ちを表すと同時に、we should は客観的な態度（「独立」的）であること、「こうするのが妥当です、たぶん誰が見ても」というニュアンスを示すことになって

おり、それが重要である。

さらに you ではなく we を使うことで「つながり」も示す。すなわち、「あなた（がた）と私は一緒です、これはみんなの問題です」と言っていることになる。「独立」と「つながり」の合わせ技とはこういうことだ。

2 「プライバシー」を考える

プライバシーは英米発祥？

「プライバシー」という概念は「独立」志向の最たるものと言ってよいだろう。この概念は欧米の文化全般にあると思われがちだが、必ずしもヨーロッパすべてに当てはまるわけではない。とても英米的な、英米に特徴的な概念と言える。

private という言葉はもともとラテン語から来た語だが、英語から世界に広がったと見られる。ヨーロッパの多くの言語でも元来そのような概念はなく、我々と同じように、外来の概念として受け入れられていったようである。

ドイツ語の Privatsphäre、フランス語の vie privée、スペイン語の privacidad、イタリア語の privacy、ポーランド語の Prywatność など見た目でも privacy と似た言葉だということがわかるだろう。みな英語からの外来語だ。ちなみにロシア語などには privacy に相当する語がもともと存在しないらしい。

したがって、日本語の「プライバシー」も定着まで時

間を要したと思われる。読売巨人軍終身名誉監督の長嶋茂雄氏が現役で婚約時代、亜希子夫人を同伴しているところを記者がつきまとうので、おそらく「プライバシー」の意味で「いいかげんにしてくれ、僕にもデモクラシーがあるんだ」とおっしゃった（らしい）。

　日本の英語受容史上さん然と輝く史実である。「プライバシー」などという洋物の概念はまだ根付いていなかったのである。それでも果敢に横文字の使用に挑んだ長嶋氏に敬意を表そう。たしかに民主主義も大事だ。

　それはともかく、プライバシーに関わる話はよほどの仲でなければ尋ねないのが普通だ。政治的な信条、年齢、結婚・交際のステイタス（独身か既婚か、彼女、彼氏がいるか否か）、収入、宗教に関する話題は、一般にタブーとされている。これらは個人の「独立」した領域だからである。

政治、年齢を尋ねるのはなぜタブーなのか？

　特にアメリカ人は選挙や政治的な活動に熱心な人がけっこう多い。よって、しばしば熱い議論になる。大統領選の報道を日本でも見ることがあるが、多くの日本人には考えられないくらい盛り上がっている。加熱し過ぎて家族の中でも喧嘩になるのであまり政治の話をしたがらない人もいるとも聞く。議論の文化のある欧米ではよく「議論と喧嘩は別だ。議論はしても喧嘩にはならない」などと言われたりするが、こういう様子を見る限り、そうでもない。やっぱり喧嘩腰になる。

　そのほか、特に女性に年齢を尋ねるのはタブーだが、

このことは日本でも一般化している。つまるところ若いことに価値があると思っているからだろう。日本は西洋よりも若年志向が強い（10代のアイドルなどがもてはやされたりするように）と思われるが、西洋でも暗黙裏にその前提はある。

▶ Age is nothing but a number.
（歳なんてただの数字でしょ）

という人もいるが、これは個人の信条に関わるような「独立」した領域の話だ。日本でも英米でも逆に明らかに相当高齢の人には、テレビのインタビューなどを見ていると、平気で年齢を尋ねている。まだ高齢でも元気で生きていることに価値があると見なされているからだ。

　相手とまだそれほど親しくない場合、相手の年齢を尋ねることを避けたほうがよいもう一つの理由は、「その情報、私という人間を知る上で、どれくらいの意味があるの？」と感じさせてしまうからだ。

　日本人（や韓国人）は、自分より年上か年下かによって敬語を使うべきか否かの判断をすることがあるので、付き合い上意味のある情報かもしれない（これがおそらく日本人が相手の年齢を知りたがる根底にあるのではないかと思う。これについては韓国のほうが顕著だ）。しかし、英語のような言語にはそのような意味での敬語はないので、

▶ A : How old are you?（おいくつですか？）

B：…〔心の声：なぜ訊く？その情報いる？〕

という感覚になりやすい。「個」と「個」としてつながろうとしているのに年齢という情報は必要なのか、ということだ。

　そもそも年齢とはそうやって「つながり」の中で知るべき「個」の「独立」したことがらなのである。

3　Why はキケンな言葉!?

なぜ「なぜ」と訊きづらいか

　why は使い方が微妙に難しい言葉である。これはしばらく日本に滞在している外国人に対してすることが多い質問だが、「なぜ日本に来ているか」を尋ねたくなることもある。そんなタイトルのテレビ番組もある。そういう時、

× Why did you come to Japan?
　（あなたはなぜ日本にいらしたのですか？）

と尋ねるのは好ましくない。なぜなら、ニュアンスとしては、「なんで来たの？　来なくていいのに」という風になりがちだからだ。なにか責められているような感じがして、気持ちのよい質問ではない。

　なぜ why と尋ねるとそのようなニュアンスになるかを、なかなかはっきりと説明できるネイティブスピーカ

ーは多くはないが、どうもこの感覚は多くの英米人に共有されているようだ。常に why と尋ねるのがトゲトゲしいわけではないが、なんだか責められているような気になることが多いらしい。

　why と言われると理由の説明（account）をしなくてはならないような気になるからかもしれない。言い方によっては非難しているようなニュアンスにもなりやすい。圧迫感を与えることもある。

　では、どう言えばよいかというと、

▶ What brings you to Japan?
　（なぜ日本にいらしたのですか？）
　〔直訳：何があなたを日本に連れてきたのですか？〕

だ。この「なにか外的な事情があって、それがあなたを日本に来させた」という言い方だと、詰問するようなニュアンスにはならない。ほかにも、

▶ What makes you say that?
　（どうしてそんなこと言うの？）
　〔直訳：何があなたにそう言わせているの？〕
▶ What took you so long?
　（どうしてそんなに時間がかかったの？）
　〔直訳：何があなたにそんなに長くかからせたか？〕
▶ Whatever gave you that idea?
　（いったいなんでそんなこと考えたんだ？）
　〔直訳：いったいなにがあなたにその考えを与えた

か？）

　のような why と尋ねない言い方をするのが、一般的だ。
　まったく同じとは言えないが、日本語にも似たような
場合がある。誰かが遅刻した時に、「どうして遅刻した
の？」と尋ねると、けっこうきつめに責めている感じが
ある。
　が、「何があったの？（＝何があって遅刻したの？）」
と尋ねると、その人に責任があるとは必ずしも言えない
ような事態があったのかもしれないというニュアンスに
なる。これと近いかもしれない。
　これらの質問だと「あなたにそうさせたもの」は何か
を問うているわけで、動機づけを訊いていることにな
る。より能動的に行動を起こすことになった理由を訊い
ているという意味合いがあるのだろう。

because は言い訳っぽい？

　どうも理由を尋ねること自体がトゲトゲするようだ
（これは日本も同じか）。学校で、小さな頃から、なにか
意見を言えば、先生に Why do you think so? と尋ねら
れるからだろうか。
　そのせいか because ... はなにか問い詰められて言い
訳するような響きをもつことがある。理由を言う時も
because ... を繰り返すよりは、まず理由を言って、その
後 so や that's why を使うほうが、客観的にきちんとし
た印象を与えやすい。

▶ I lost my keys, so I couldn't come in.
（鍵をなくしちゃって。だから中にはいれなかったんだ）

▶ Look, I was trying to protect you. That's why I couldn't tell you.
（いいか、僕は君を守ろうとしてたんだ。だから話せなかったんだよ）

　英語では、「なぜ〜か」「〜だから」という因果関係は、日常的にはどうもあんまりはっきり言いたくないことが多いようで、次のような表現を見ると、because ... とか due to〜とかのような理由を表す表現を避けているとさえ思える。
　日本語なら「〜のせいだよ」と理由や原因の説明ととれるような言い方に相当する英語の表現として、

▶ It's just ...

という言い方がある。この表現の文字通りの意味としては理由や原因を表す要素はない。

▶ A : I think everyone is laughing at me?
　　　（なんかみんな私のこと笑ってるみたいなんだけど）
　B : It's just your imagination.
　　　（気のせいだよ。）

▶ A : Are you alright?
　　　（大丈夫？）

B : Yeah. Don't worry. It's jet lag. Thanks.
　　（ご心配なく。時差ボケの<u>せい</u>だよ。ありがとう）

　日本語で言うならば「～のせいだよ」は英語では「～だよ」という形式になっている。日本語のほうが因果関係をはっきりさせる表現で、論理的ですらある。英語は論理的、日本語は非論理的というレッテルを貼りたがる向きもあるが、必ずしもそうとばかりはいえない。

　このようなことは、コミュニケーションの文化の違いでもあり、慣習のようなものでもある。例えば、韓国語では why にあたる疑問詞（왜〔ウェー〕）を比較的よく使うようだ。例えば電話をかけてきた友人に対してだったり、人に呼ばれて振り向いた時などに、日本語的には「何？」「どうした？」と訊くところを、韓国語では「なんで？」と訊くことが多い。「なぜ電話をしてきたの？／声をかけたの？」という意味合いだろう。そのように考えると論理も文化だと思えてくる。

逆に「Why＋否定」は超ポジティブ

　その一方で、「Why＋否定」は積極的な勧誘になる。

▶ Why don't you come with me?
　（一緒に行かない？）

▶ Why don't you try skating?
　（スケートやってみない？）

これらは「なぜ～しないか」という理由を尋ねる質問に

はまずならない。それくらいこの言い方で勧誘をする慣習がある。定番の言い方だ。「行こうよ！」とポジティブである。

　同様に、Why not! も強い肯定になる。

▶A : Would you like to go for dinner with me?
　　　（ディナーでもどう？）
　B : Yeah, why not?
　　　（はい！ぜひ！）
　　　〔心の声：オッケー、いこいこー〕

これらの表現は not がつくが、むしろポジティブな意味がある。もちろん言い方によるが、明るく元気よく言えば強く同意しているニュアンスである。

4　使役構文と「独立」

英語の使役構文

　英語の特徴の一つは「〜に……させる」という使役構文（文のパターン）が代表的なものとして四つもあることだ。ほかのヨーロッパの言語と比べても英語は多い。それが以下の四つだ。

▶let +　［人］＋原形不定詞
　get +　［人］＋to 不定詞
　have +　［人］＋原形不定詞

make＋［人］＋原形不定詞

　ドイツ語もフランス語もこのレベルの代表的な使役動詞は二つしかない。英語の四つの使役構文の違いは、つきつめて言うと、被使役者、つまり何かをさせられる人の「独立」した意思がどういうものかによる。「個」と「独立」への意識が文法、構文にも反映されているのだ。

　英語の四つの構文は、何かをさせられる人＝被使役者がどれくらい自発的に独立した意思でいるかで区別される。英米のコミュニケーション文化においては、他人の意思に屈したり、職場や生活のあらゆる場面において他人が望むことを進んでしたりすることは基本的に想定されていない。個人は自律性、「独立」性を保証されていて、自分の人生は自分でコントロールすることが確保されているというのが「タテマエ」だ。

　日本でもある程度そうだろう。もちろん個人差もある。この言い方は何度もしてしまうが、英米ではデフォルトでそう考えられているというのが日本とだいぶ違う。それが「タテマエ」ということだ。

　「店員とお客さん」との関係においても、「部下対ボス」についても、「親子関係」でも、常に自律性、「独立」性を失うことはないというのが「タテマエ」だ。相手に従う場合も「独立」と「対等」がお互いの間で認識されている限りにおいて、という条件が付く。

　それくらい「独立」が言語の核心にある。もちろん実際は、上司はしばしば高圧的だし、親もいろいろ押しつけてきたりする。それでもこの四つの構文から見ると、

「独立」した意思がコミュニケーション文化の基本にあることがわかる。

make は「むりやり」

被使役者（させられる人）は、使役者（させる人）＝主語が望むことを「しなくてはならない」と思い行う。つまり、基本的に、被使役者は「むりやり」させられるというニュアンスがある。

▶ She made her son do his homework.
（彼女は息子に宿題をさせた）

息子は宿題をしたくないという意思をもっている。そこに「彼女」がむりやり宿題をさせたという状況が想定されている。また、You made me happy. のように、make＋人＋形容詞という形もあるが、これは使役とは少しニュアンスが違う。ただ、You made me happy. で言うならば、「私（me）」は、自分の意思とは無関係に「嬉しく（happy）」「させられた」という意味では共通している。

let は「なすがまま」

被使役者は、それをしたいと思うからする。一方で、使役者はそれを妨げることはしない。被使役者のしたいという「独立」した意思が尊重されている表現だ。

▶ Let him go!

（行かせてやれ）

という場合、「彼」は行きたがっていて、行くことは
「彼」の意思である。
　ただし、自由にさせるイメージだとポジティブだが、
ネガティブな意味合いになる場合もある。コントロール
する責任があったのにほったらかしにして失敗したりし
た場合だ。

▶ How could you let them die?
　（どうして死なせたのですか？）
　〔心の声：助けられただろうに！〕

▶ How could you let this happen?
　（どうしてこんなことに⁉）
　〔心の声：防げただろうに！〕

これらは流れを変えるために何もしなかった、なすがま
まにしてしまったという意味である。
　マリー・アントワネットが、飢饉でパンがなく苦しん
でいる住民のことを言ったとされる（本当は違うらしい
が）言葉の英訳は、

▶ Let them eat cake!
　（ケーキを食べさせておけばいいじゃない！）

である。そうさせておけばいい、ほうっておけばいい、

という実情知らずで無責任なニュアンスを出そうとしている英語だ。マリー・アントワネットはこういう表現でキャラ設定されている。

get は「自発的にやらせる」

　このパターンでは、被使役者（させられる人）は、使役者（させる人）がしてもらいたいと思っていることを、自発的にする、というニュアンスだ。

　さらに言えば、その延長で、「人に説得したり勧めたりして〜するようにしむける」ことを意味する場合もある。自分が相手にしてほしいことを、相手に「自発的に」やってもらう、「嫌かもしれないのに無理やり（make）」ではなく「自分がしたいから」するようにさせるのが get だ。そのためには、言葉による「説得」はよくある手段の一つなのだ。

▶ How can I get my girlfriend to say, "I love you" more?
　（どうすればカノジョに「愛している」ってもっと言ってもらえるかなあ）

むりやり言わせたいのではなく、「自発的に」言いたいから言うようになってほしいわけだ（たぶん）。
　let と違うところは、get には使役者の利益もあるというところだ。

▶ I got my daughter to help me cook by offering

candy.

（手伝ってくれればお菓子をあげると言って、娘に料理の手伝いをしてもらった）

という場合、こう言っている側に利益があるし、娘もしたいと思っているという意味合いだ。

　自発的にしてもらうというニュアンスがあるので、当該の人物（目的語）にある程度手間や暇がかかることをしてもらう場合は、この get を使役として用いることが多い。get のほうが、結果として被使役者の「独立」した「個」を尊重することになる。

have は「自発的だがむりやり」

　被使役者は、使役者がしてもらいたいと思っていることをするが、被使役者は使役者に対し、「それはしたくない」とは言えないような（部下と上司のような）上下の力関係にある。

　使役者は、被使役者をコントロールしようとしているわけではないが、何か目的を達成するための道具・手段として被使役者を見ている。したがって、被使役者の「独立」した意思をコントロールしたいわけではない。

　また、被使役者も「しなくては」と強制されているとは思っていない。そういう意味では被使役者は自発的に行っている。

▶ I'll have the valet park your car.
（駐車係に駐車させます）

▶ We had the interns design the poster.
（インターンにポスターを作ってもらいました）

これらは上司が部下に業務を指示するという意味合いだ。

使役構文まとめ

まとめとしてこんな例を考えるとよい。雑誌のゴシップ記事に悩まされている芸能人なら、こんなことを言うかもしれない。

▶ Let them write what they want. I don't know how I would get them to stop. I can't make them. Perhaps I should have my lawyer deal with this.
（好きなことを書かせておけ。だって、止めてもらう方法がわからない。むりやりはやめさせられないし。弁護士に対処してもらおうかな）

have と get の構文は、日本語では「させる」以外にも「してもらう」に相当することもある。こちらが相手にしてほしいし、相手もしたい、あるいは少なくともするのがいやではない、というニュアンスである。

こんなに細やかに被使役者、させられる人の意思が問題になることは、日本語や他の主なヨーロッパの言語にもない。それくらい英語の特徴と言ってよい。「独立」のコミュニケーション文化が文法、構文に反映されているよい例である。

5 Ｉは愛を伝える?

Ｉを主語とすることで気持ちを伝える

　プレゼントとして何か物をわたす時に、日本語では「これ、どうぞ」と差し出すことがある。これに対する英語として、日本人が思いつきやすいのは、

▶ This is for you.

だろう。ただこの表現には愛が、いやＩがない。あまり心がこもった言い方ではなく、「これはあなたの分だよ」というくらいのニュアンスになる。This が主体であって、手わたすＩの気持ちが込められないからである。

　英米人が心をこめて、「これ、どうぞ」を言うなら、

▶ I got this for you.

くらいが適当だ。ここには愛がある。Ｉもある。

　英米人の先生に、学期やタームの終わりに英語でお礼を言うとしよう。日本語でもビミョーかもしれないが、日本人の発想として、「すばらしい授業をありがとうございました」と言いたくなるかもしれない。そういう場合に、日本人に出てきやすいのは、

× Thank you for teaching a good class.
× Thank you for teaching a wonderful class.

などかもしれない。しかし、これはあまり英米文化的ではない。

　なぜならば、まずひとつに good/wonderful などは評価をする言葉なので、相手のことを言う場合、自分を評価者、相手を被評価者という立場においてしまう。当然、評価する側のほうが上位者だ。場合や言い方によってはそのニュアンスが出過ぎてしまい、上から目線の言い方になってしまう。「あなたの授業は優秀だった」という感じにならなくもない。

　では、どのような言い方が英米文化的かというと、

▶ I really enjoy your class.

くらいがよい。「授業が楽しかった」と伝えるのは、私とあなたを対等の立場におき、かつ「フレンドリー」であり、エラそうではない。そして、実質的には「あなたの教え方が良かった」と言っている間接的な褒め言葉だ。楽しかったと言われれば教師は普通は嬉しいものだし、褒められているように感じる。

Ⅰを主語とすること
　英会話の初級クラスなどで、Ⅰを主語にして言おう、と教えられたりすることがあると聞く。これはまあまあくらいに正解である。

先にも述べたように、日本語には英語のような意味での主語がない。したがって、「私は私は」などと言えば、自己チューだと言われてしまうのがオチだ。だから日本人はＩを主語にすることをちょっとばかり意識してがんばらなくてはならない。

　例えば「星が見える」は「星」が主語で、「見える」が述語と考えるのは、論理的に考えて無理である。「見える」のは（対象＝目的語は）何？と問われれば「星」だからである。

　英語なら普通Ｉ can see stars.くらいだろう。「見える（see）」のは誰かと言えば「私」だ。だからＩを主語にとりあえず考えるのはひとまずよい方法だ。

　ちなみに、よく日本語は主語を省略する、という言い方を一般にするが、これはあまり正確ではない。「私は星が見える」と言えば、ありうる意味合いは、「あなた（か他の人）は見えないかもしれないけれど、私は」というものだろう。

　「私が星を見ることができる」は日本語としてあまり自然ではないし、意味があるとすれば、やはり「あなた（か他の人）じゃなくて私が」くらいのニュアンスだろう。「星が見える」という表現では、あるべき主語（「私」）が省略されているわけではなく、そもそも「私」は文の中か背後に埋没しているのである。

　もちろん主語が省略されていると考えられる表現もある。英語の慣用表現に、Ｉ'm new here.というのがある。場面によって「新入社員です」という意味で使ったり「この土地には来たばかりです」「よく知らないんで

す」などというニュアンスで使ったりする。これらは不自然ではあるが、「私は」と付け加えて、「私は新入社員です」と言えなくもない。

「僕は女だ」と聞くと、想像力をたくましくして、どんな状況だろうと思いつつ、

▶ I'm a woman.

と英語を思い浮かべるかもしれない。もちろん、それもアリだが、こういう文脈はどうだろう。最近、共に子どもが生まれたばかりの若いお父さん二人の会話。生まれたのは男？女？という話で、一方が、「うちは男の子だよ」と言い、もう一方が……という文脈なら、「僕は女だ」は十分自然で、理解可能だ。

言語学的な議論はここではできないが、日本語の「○○が」「○○は」が単純に英語の主語に相当するわけではないことはおわかりいただけたろう。

ここはどこ？

次は、「ここはどこ？」という日本語に相当する言い方について考えてみよう。日本式発想だと、× Where is here? とか× Where is this place? と言いたくなってしまうが、これが英語ネイティヴにはびっくりするくらい通じない。もうちょっと想像力が働かないのかなと思うほどである。「ここ（here、this place）」は「ここ」以外の何ものでもなく、それを「どこ？」と尋ねる問いそのものが、意味があるものと感じられないのだろう。

▶ Where are we?

というのが普通だ。ちなみに、

▶ Where am I?

も同じような意味の質問にもなるが、目を覚ましたらどこにいるかわからない、という感じにもなる。さらにちなみに、

▶ Where were we?

と過去形の言い方は話が中断されたのちに「どこまで話したっけ？」というニュアンスで使う。
　『となりのトトロ』で引っ越しをする途中のお父さんがメイとサツキに「もうじきだよ」と言ったセリフは、英語版では、

▶ We're almost there.

だ。「もうすぐだよ」という時間を言う表現も「我々（we）」を主語として、どこにいるかという場所の表現になっている。「我々はほとんどそこにいる」というあんまり論理的ではない言い方が慣用化されている。

「私ごと」として捉える

「私ごと」は、「私たちごと」として捉えなおすと「つながり」志向になる。これはもちろん「私たち」が他者を巻き込んでいるからである。

先ほどの「星が見える」のように、見えているのは自分なのに、星が見えることを自分ごととして捉えない（I を主語にしない）のが日本語の特徴だ。

見ている自分はいわば状況の中に埋没し、わざわざ言葉にしない。そして、それに日本人の言語脳はどっぷり慣れている。ゆえに、英語らしく英語を話すには、埋没した自分を浮き上がらせてこなければならない。「学校に新しい理科の先生が来た」という場合、

▶ A new science teacher began to teach at our school.

と言えなくもない。でも、やはり our と言ってるわりにひとごとな感じで、「つながり」志向ではない。もっと簡単な言い方が実は英語的だ。

▶ We have a new science teacher.

で十分だし、むしろこのほうが英語らしい。

この We は自分を含めた自分の学校のみんなを指しているが、ざっくり漠然とした言い方ではある。それでも「私ごと」としてものごとを捉えるのが英語的である。

We have ...という単純な言い方は、英語で話す第一歩といってもよい汎用性の高い言い方である。例えば

「今夜お客様がいらっしゃる」なら「お客様」を主語と考えないで、

▶ We have a guest tonight.

　「ちょっと問題があってね」という場合も、「問題」を主語と考えたり、There is a problem. としたり（この言い方もアリ）するより、

▶ We have a problem.

と言ったほうが、自分ごと、「私たちごと」として考えていることが伝わり、「つながり」志向の言い方になる（相手を巻き込むことにもなる）。

6　英語は相手を追い詰めない

相手を責め過ぎない

　英米社会というと、シロクロはっきりさせ、責任の所在も明確にするという、人に対して厳しめの印象があるかもしれない。ところが、そうでもない。例えば、相手がなにか間違いを犯したように思われる場合でも、あまりはっきり追及しない言い方が一般的である。

　ここが日本人が英語を使う時に勘違いしやすいところだ。英語でははっきりものを言う（べきだ）という誤解が少なからずあり、ずいぶんとズケズケ言ってしまう。

例えば、相手が間違っていると思ったら、「英語では
はっきりものを言わなきゃ！　間違ってることは間違っ
ていると言わなきゃ！」と思い込んで、

× You're wrong.
　（あなたは間違っていますよ）
× You made a mistake.
　（あなたは間違いを犯しましたよ）

などと言ってしまいがちだ。しかし、これらは英米のコ
ミュニケーション文化ではあまりにキツ過ぎる。これに
は「独立」志向ゆえの側面と「つながり」志向ゆえの側
面の両方がある。強く相手を非難することは、「独立」
した自尊心を大いに傷つけ、「つながり」を絶つ行為な
のだ。
　相手に非がありそうでも、あまりはっきりとそれは指
摘しない。例えば、

▶ We seem to have a problem.
　（〔私たちには〕どうも問題があるようですね）
　〔心の声：まあ、悪いのはオマエなんだけどな〕

という言い方をしたりする。
　実際のところは「問題」があるのは相手なのだが、
we とすることで、相手を攻撃しないニュアンスにす
る。あるいは、さらに、

▶I think there's a problem we need to discuss.
（〔私たちが〕議論しなくてはならない問題があるように思います）

と言うと、遠回しながら建設的で前向きな感じだ。そして、ここでも we である。相手を責めないことによって相手との「つながり」は維持し、相手の「独立」のメンツを保ってあげ、そうすることで、自分のイメージもあげられる。できる人！と思わせる（かもしれない）。

　また、遅刻しそうな相手に、「こいつ遅れそうだなー。いちおう言っとこ」という気持ちで、

▶Please don't be late.
（遅刻しないようにね）

と言うこともあるかもしれない。先にも取り上げた例だが、それに続けて言うとしたら、You need to be on time. はだいぶキツい言い方になってしまう。対決姿勢が鮮明だ。こういう場合も We need to be on time. のほうが無難である。

　こうして一般論にする、あるいは「私たちのこと」にするのだ。you で特定しないほうが丁寧なニュアンスになる。対等なバランスを保つことで、you に負荷がかかり過ぎないようにするという面もある。

同情は禁物

　「独立」のタテマエ上、だれもが立派にしっかり自立

していることになっている。ゆえに同情は禁物だ。あからさまな同情は「独立」した you を追い詰めることになってしまう。同情すれば、相手はよけい惨めになってしまうということもある。同情する側が上位者で、同情される側は下位者、つまり「対等」の「タテマエ」は崩れ、「つながり」も絶たれる。

　日本人にも同様のことはあるだろう。だが日本では、同情＝心を寄せる、相手の立場で考えたり思ったりする、ということで「エンパシー」的に好ましく考えられることすらある（「同情するなら金をくれ」という感情も一方で理解できるが）。

　ただ、日本のコミュニケーション文化では、「あなたのことを思ってるよ、気の毒に思うよ」は、

× I feel sorry for you.

と言いたくなってしまうかもしれないが、これはよろしくない。相手を惨めにし、「独立」した you を追い詰めることにもなってしまう。

ポイントは you と言わないこと
　日本人なら同情してしまうような場面で、英語でよく使うフレーズは、

▶ I'm sorry to hear that.
▶ That's too bad.
▶ That sounds tough.

（いずれも「それは大変ですね、お気の毒ですね」という意味）

などだ。I'm sorry は哀れんでいるわけではなく、残念に思っている、ということだ。相手の「独立」のメンツも傷つけない。追い詰めない言い方だ。もう一つのポイントは、hear＋that の that である。that は、相手そのものでなく、相手の領域を指す言葉、つまりこのような場面なら、相手がおかれている状況のことを指している。

「大変なのはあなたではなく、あなたの置かれた状況だよ」ということが伝わり、「あなた」を追い詰めない。上の三つの例を見ても you は使っていないことがおわかりだろう。

何かに挑戦していたり、努力して何かをしようとしていることを知っている相手に、「どうだった？（うまくやれたの？）」と尋ねたりすることがある。この場合、

× Did you make it?

などというのは得策ではない。優しい気遣いのある言い方は、

▶ Any luck?

という言い方だ。「運はあった？」ということだが、これも「どうだった？」という意味で用いられる。ポイン

トは you がないことである。

　「もしダメだったとしても、それはあなたのせいではないよ。あなたが責められることじゃないよ」という意味になる。

　英語では、こういう相手を追い詰めない言い方が慣習化している。そう見ると英語は遠回しで柔らかな優しい言語だ。気遣いは日本の専売特許と思いがちだが、そうでもない。ただ、気遣いの種類と原理が違っているだけなのである。

　「ほんと？」というあいづちにも同じようなことが言える。

▶ Are you sure?

あるいは、よりカジュアルな、

▶ You're sure?

は、親しい間柄の場合にはあまり問題にならないが、そうでない場合は、you を使っている分だけ、相手の責任を問うているニュアンスがある。同じような意味だが、

▶ Is that right?

はそれらよりはちょっとフォーマルな言い方で、you を使わず、that という情報自体を主語にしているので相手を責めているようになりにくい。you は日本語の「あ

なた」などとは違って文法的な言葉であり、もちろんよく使うが、やはり相手と対峙してしまう語なのだ。

you の圧力

　責任問題からはちょっと話が逸れるが、you という言葉にはなかなかの圧力がある。「私がいるんだから大丈夫だよ」「心配しないで大丈夫だよ」「私が必要なら助けるよ」という意味の、

▶ I'm here to help.
　（助けるために私はここにいるんだよ）

という表現がある。助けるために私はここにいるよ、ということだ。ところがこの表現、つい、

× I'm here to help you.

と日本人なら言ってしまいたくなるが、こう言うとだいぶ押し付けがましく、恩着せがましくなる。当然、英米文化では好まれないし、普通はこういう言い方はしない。
　助言をする時も、相手との関係にもよるが、例えば「明日は行くべきでない」という意味の、

× You shouldn't go tomorrow.

はかなりキツい言い方になる。you が圧力をもって迫る。

▶ It's probably better not to go tomorrow.
▶ It may not be a good idea to go tomorrow.

などのほうが柔らかで丁寧だ。この二つの例でも you
は使われていない。

自分も責めない

　このようなことを見ると、英語もやはり相手に配慮し
ていることがわかる。その意味では、英語、英米のコミ
ュニケーション文化は優しい。ところが、相手に対して
も優しいが、この原理は自分にも適用され、自分のこと
も責めないのが普通だ。このあたりは日本のコミュニケ
ーション文化とだいぶ違う。

　なにかをやらかしたら、相手と状況にもよるが、日本
ならとりあえず謝るし、「自分が悪かった、もう二度と
しないよ」という態度になるのが普通だろう。むしろ、
日本の場合、明らかに自分に過失があるのに、そういう
態度をとらなければ不遜な態度ととられる可能性が高
い。

　日本人なら「二度としません。お許しください」とい
うような場面（けっこう重い場面だ）でも、英米では

× I'll never do it again.

とはまず言わない。I を明確にするのが英語の特徴で
あることは先にお話ししたが、否定的な立場にいること

は明確にしたくない。自分を追い込んで責め過ぎないのだ。これは相手を責めないのと同じ原理である。このような状況では、普通は、

▶ It'll never happen again.

のような言い方をする。日本人の感覚では、「おいおい、人ごとみたいだな」となるかもしれないが、英語では、過度に自分のせいにはしないのである。「さっきはごめん」と伝えるときに、

▶ Sorry about before.
　（この前はごめんね）

という言い方をするが、これも微妙に同じ原理が働いている。謝罪の表現としては、

▶ （I'm) Sorry for ...

が基本だが、実はこの表現の for は「…」に対して責任を自分がもっていることを暗に意味することがある。
　ところが sorry about は「そのことに責任をもっている。自分が悪くてごめんなさい」というニュアンスがあまりない。
　「細かく言えば自分が悪いんだろうが、まあそんなに責任感じるほど大したことないだろう、謝り過ぎたら大げさだ」という感覚なのである。

自分を責め過ぎない慣習は次のような表現にも表れる。

▶ I'm sorry I'm not reliable.
　（頼りなくてごめんなさい）
▶ I'm sorry I'm not more reliable.
　（もっと頼りになればいいのにね、ごめんね）

を比べてみよう。二つとも「頼りにならなくてごめんね」という感じの意味だが、英米のコミュニケーション文化では後者が好まれる。まず第一に、前者だと、reliable か not reliable、0か1かの二極的な感じがするのに対して、後者（比較級）のほうが「頼りになる」から「ならない」までぼんやりと連続体を成している。
　「あなたが満足するくらい（more）reliable ではないけど、ある程度 reliable だよ」という気持ちである。
　なぜそのような言い方が好まれるか、といえば、これも自分を責め過ぎないためという理由が考えられる。ただ、I'm sorry I'm not reliable. のほうは自己批判が強過ぎて、むしろ皮肉に聞こえてしまう可能性が高い。「ぜんぜん頼りにならなくて、ごめんねー、悪かったね」という感じである。
　一般に、日本人は英語基準で見ると、「感謝し過ぎ」「謝り過ぎ」と言われることが多いことは先にお話ししたが、英米コミュニケーション文化ではあんまり謝り過ぎないのが普通だ。でもそれは横柄ということではなく、「独立」と「つながり」のタテマエの英米文化的な

作用などである。

7　フォーマルな言葉はかっこいい?

フォーマルな言い方の効用

　フォーマルな言葉を使うと、ちょっとかしこまっているように見えたり、立派に見えたりする（言い換えると、そう見えるようにフォーマルな言葉を使う）。

　反対に、フレンドリーであるのが好ましい場面でフォーマルな言葉を使うとよそよそしい。つまり、フォーマルであることは、「つながり」を絶ち、「独立」志向で振る舞うということだ。

　一方で、場面に応じたフォーマルな言葉づかいをするのは時として難しいが、うまくできるとかっこいいし、知的な振る舞いであるとみなされ、信頼を得やすい。「独立」した人間として敬意をもたれやすい。

▶ Could you do this?
　（これお願いできる？）

と依頼、頼みごとをする言い方をフォーマルにすると、例えば、上司が部下に対してなら、

▶ I will delegate this project to you.
　（このプロジェクトは君にまかせるよ）

という感じになる。delegate は「委任する」というような意味のカタい言葉だが、ビジネスシーンではよく使う。言われた方も背筋がピンとするような言い方だ。

▶ It's important how we should use our staff.
（スタッフの使い方が重要だ）

というと上から目線で、「スタッフ」はあまり主体性がない存在として扱われているニュアンスだが、

▶ It's important how we should empower our staff.
（いかにスタッフに能力を十分に発揮してもらうかが重要だ）
〔心の声：ほんとはどううまく使うかってことだけどね〕

のほうが「力を発揮してもらう」という意味合いが出て、「スタッフ」の主体性を尊重している感じがする。use と empower はまったく別の意味の語だが、こういう使い分けはビジネスの世界ではよく行う。
「またこのことについて話そう」という意味で、

▶ We will talk about this again later.

と言えるわけだが、会議の席上や、司会をしているような場面であれば、

▶ We will revisit this topic later.

などと言うと引き締まる。revisit は「再び訪れる」ということで、「再検討する」というような意味合いだ。
　「今回の落としどころはなんかいまいちだなー」と心の中で思った場合も、

▶ I'm not happy with that.
　（直訳：それには満足していない）
▶ I don't like that.
　（それは好ましくないな）

よりも、会議などで発言するなら、

▶ I have reservations about the agreement today.
　（今日の合意には懸念がある）

と言うと、単に感情的に嫌がっているわけでなく、きちんと建設的な意見として言っている印象を与える。reservations は「なにか抑制がかかっているものがある、すんなり受け入れられない」というようなニュアンスの言葉だ。先に述べた、うまく反論する方策でもある。
　ちなみに、I have a reservation（a をつけて単数）というと「予約があります」というトンチンカンな発言になってしまうので注意しよう（「お店、予約してるんで、とっとと会議終わりにしましょう」とか？笑）。

フォーマルな言い方で「できる人」に見せる

　英米文化では、「つながり」志向でフレンドリーに振る舞うことでよく思われるところと、「独立」志向で、立派な人物として信頼が置かれるという二面性がある。この表裏一体のバランスが重要だが、日本とは異なるバランスなので意識が必要だ。

　I think ... よりも I assume ... のほうが仮説を立てて考えているようなニュアンスになる。知的な雰囲気の会話でよく使う印象がある。try to と aim to は同じような意味だが、後者のほうが、建設的でフォーマルなニュアンスがある。

▶ The first thing I aim to do is to publicize the IT department.
（まず目指していることは、ＩＴ部門の広報活動です）

この場合の aim は try に置き換え可能だが、こちらのほうがカチッとした雰囲気がある。日本人は do one's best という表現を好むが、

▶ He's doing his best to make the best book possible.
（彼は可能なかぎり最高の本を作るためにできるだけのことをしている）

と言うより、

▶ He's committed to making the best book possible.
　（最高の本を作るために尽力している）

のほうが、正当にしっかり努力をしている感じがする。

▶ Aya is good at marketing.
　（アヤはマーケティングがうまい）

という言い方もできるが、

▶ Ms. Tademaru has expertise in marketing.
　（タデマルさんはマーケティングに精通している）

はきちっとしたビジネスミーティングで言っている雰囲気がある。

▶ This book made people understand the world better.
　（この本によって人々は世界をよく理解できた）

といったふうに、簡単な動詞で表すようなことも、「動詞からきた名詞」＋「前置詞句」で表すとフォーマルな感じがする。堅い文章などにも使う言い方で、

▶ This book promoted a better understanding of the world.
　（この本は世界のよりよい理解を促進した）

と言うとぐっとフォーマルな感じがする。

　こういうことは日本語でも、大和言葉より漢語を使ったほうがかっちり堅いスタイルになるのと基本的には同じだ。カチッとしている、フォーマルであることは、立派にひとり立ちしている印象だったり、距離を生んだりする印象を生み出すが、つまりは「独立」志向だということである。

8　沈黙の意味

行間が……なくても読む

　日本、日本語のコミュニケーションの場合、沈黙には意味があることが多い。沈黙は時間的、物理的にはゼロなわけなので、そこにどんな意味を読み込むかは、人とその文化、慣習による。日本の「エンパシー」の文化では、沈黙の意味を読み取ることは重要だ。「間」という概念もある。英語にも、

▶ read between the lines

という言い方がある。「行間を読む」ということだが、「行」という形のあるものの間で推論をするということだ。しかし日本語の場合は、口頭のコミュニケーションでも沈黙の意味を読み取ろうとしなくてはいけないことがある。

日本の「エンパシー」の文化では黙っている人がいたら、その人が何を考えているかを推し量ろうとする。この推理能力は日本では子どもの頃から千本ノックのごとく鍛え上げられているものである。

　これはこれでよしとしよう。問題は、鍛え上げられ過ぎてしまって、自分が沈黙しているときでも、相手が推し量ってくれることを期待してしまうことだ。

英米文化での沈黙対処法

　これは日本から英米圏に留学する学生たちが最初にぶつかる壁である（留学あるある）。授業中、議論になっても、特に最初のころは英語も不慣れでおぼつかないので、黙ってしまう。

　日本なら、黙っていても発言を求めると話し始めたりするので、ほんとは意見があるが、黙っている人がいることを理解している。しかし、英米文化ではそんなことを勝手に理解しない（ことになっている）。大学の授業などなら黙っている＝意見がない、と思われるのが普通だ。

　日常会話でも、黙ってしまうと、何も考えていないように思われやすい。英米文化では、即答できず、考え込んでしまう場合も、なにかを発しなければならない。

▶ Hmmmm

などと言ったり、定番なのは、

▶ Let's see ... ／ Well ...

などだ。「ちょっと待って、すぐ答えらんないけど、つながってるからね、考えてるからね」ということだ。これは一種のあいづちで、その意味では「つながり」志向でもある。

日本映画における沈黙の英米的処理法

　日本映画の英語吹き替え版では、オリジナルの会話で沈黙だったところがセリフで埋められることがままある。もちろん映像上、口が映っていない場面である。

　例えば、『魔女の宅急便』でおソノさんのパン屋にやってくる客に対して「またよろしくー」と声をかけるが、客は無言である。それに対して英語版では、

——おソノさんの Come back again. に対して、
▶ Thank you.
▶ Of course.

というセリフが入れられている。

　また、『となりのトトロ』の冒頭シーンで、「おうちの方はいらっしゃいますか」と問われたカンタは、オリジナルでは無言でたんぼの方向を指さすが（この無口さがカンタらしい）、英語版（Streamline 版）では、

▶ They are out in the field.（田んぼにいますよ）

と答えている。尋ねられているのに無口で指さすだけなのは、英米文化では、おそらく気味が悪いか無礼だからだろう。

あるいは、『となりのトトロ』で、迷子の妹メイを姉サツキが探すシーンで、

▶サツキ　：すみません……おじさん、あの……。
　おじさん：え？
　サツキ　：この道を小さな女の子が通らなかったですか？　私の妹なの。
　おじさん：さあ……女の子？　見たら気がついただろうけどなあ。

という会話がある。
　これらの吹き替え版英語（Streamline 版）は、仰天の翻訳になっている。

▶Satsuki：I'm sorry to bother you, but you haven't
　　　　　seen a little girl, have you? She's my sis-
　　　　　ter, about 5 years old.
　　　　　（すみません。小さな女の子をみませんでし
　　　　　たか？　私の妹なんです。5歳くらいの）
　　Man：Well, seems to me I remember someone.
　　　　　Yes, near as I can recall, she went that
　　　　　way.
　　　　　（うーん、見た気もするなあ。そうだ。たし
　　　　　かあっちのほうに行ったよ）

というセリフになっている。驚きだ。「見てない」が「見た」ということになっている。

　これもよく観察すると、おじさんの発言に対してサツキが無言であるということが、翻訳をつける際の問題だったと推察される。妹が迷子でサツキが動転していることは十分に（少なくとも日本なら）理解できる。

　おじさんの回答に対してちゃんと応えられなくても、子どもなんだからしかたないじゃないか、それくらい動転しているということだろう、と解釈するだろうし、作り手もそのように意図したと考えられる。

　謎解きはこうだ。映像をよく観察すると、サツキが唯一おじさんに対する反応とむりやりでも解釈できるところは、サツキが顔を横にして視線を向ける動作だった。それと同期させるように「おじさん」の（she went）that way というセリフを合わせることによって、サツキが無言ながらもおじさんの言葉に反応するやりとりに仕立てていると考えられる。

9　日本語の決まり文句はなぜ英語に訳せないか

英語が生んだ日本語たち

　どんな言語にも他の言語には翻訳しづらい定型句がある。日本語と英語を比べると、訳しづらい決まり文句は日本語の方が多いと考えられる。なぜなら英語の決まり文句は明治以降の日本の西欧化の中で、その「翻訳日本

語」が定着してきたためだ。

英語ではごくごく日常的な I love you. が翻訳された「愛してる」なんて日本語は、一昔前には映画の中にしか出てこない、ある世代以上の人たちには口にしたことのない言葉だろう。

「お目にかかれて嬉しいです」なんて言葉も、Nice to meet you. の翻訳日本語として、だいぶ耳にするようになった。

have a good time、enjoy などからできた「楽しむ」というような言葉も同様である。これを、例えばスポーツ選手が使うようになったのは、新聞各社のデータベースを見ると、本格的には平成に入ってから（1989年以降）である。

この逆のことは、今のところ起こっていない。英語にも外来の定型句の翻訳と思われる表現はある。

▶Long time no see!（久しぶり！）

などは諸説あるが、本来英語起源の言葉ではないことが知られている。しかし、日本語の決まり文句が翻訳表現として英語になったものはないようだ（単語レベルでは多数ある。anime、teriyaki、zen、sayonara などそのまま英語になったものだ）。

日本語の決まり文句は、日本の文化に深く根ざしている。コミュニケーションのタテマエが凝縮された表現だ。それだけに、英語にそのまま訳すと、変な表現になるか、場合によっては不適切、不躾な表現になってしま

う。見方を変えると、逆に本書で扱うような英語の核心的タテマエを見る格好の材料でもある。

「よろしくお願いします」考

　あいさつとしての「よろしくお願いします」はその典型だ。場面としては、英語なら Nice to meet you. などというところだ。初対面でも使っている。直訳すれば、× Please take care of me well. といったところだが、こんな定型句はないし、言ったとしたら、「こいつ何言ってるの？　初対面でいきなり頼み事か！　しかも自分によくしろと⁉」ということになってしまう。

　この奇妙さは、英米文化の「独立」と「対等」志向からくる。英米文化では、お互いが独立していて、依存し合わないというのがタテマエである。そんな文化で、会っていきなり自分のことをよろしくしろと言われれば、目をシロクロされかねない。

　もちろん「よろしく」的な言い方は英語にもある。ただし、それは何か具体的なことに対してであり、自分の「独立」は保った状態である。ビジネスシーンで、

▶ I look forward to working with you.
　（一緒に仕事をするのを楽しみにしています）
▶ I hope we can keep a good relationship.
　（これからいい関係を築いていけるといいですね）
▶ I hope we'll make a good team.
　（我々、きっといいチームになりますね）

などと言ったりする。そこには「お願い」しているニュアンスはない。大事なことは、お互いが「独立」した存在であり、へりくだって「よろしく」頼んでいるわけではないということだ。

「いただきます」考

　そのほかの日本語の決まり文句はどうだろうか。そもそも同じような場面で英語には言葉がないものもある。「いただきます」などがそうだ。そもそも英語では言わない。無言で食べ始めるという日本の習慣からするとはなはだお行儀の悪い振る舞いが普通である。

▶ Let's eat!
▶ Let's dig in!

と言ったりするかもしれないが、「食べよー」というお行儀もなにもあったものではないフレーズだ。

▶ Enjoy your meal.
　（直訳：食事を楽しんで！）
▶ Enjoy!
　（楽しんで！）
▶ Hope you enjoy what we've made for you.
　（あなたのために作りましたよ。楽しんでくれると嬉しいです）
▶ Bon appetit.
　（召し上がれ）＊フランス語の表現が英語に入ったもの。英

語に直訳すれば Good appetite（よい食欲）。

などというよく聞かれる表現もあるが、みな食事を提供する側が食事をする人（たち）に言う言葉だ。

　こういう、英語に対応する言葉がない日本語の決まり文句が映画の中にある場合、字幕訳や吹替訳の英語をつけるのは工夫がいる。『となりのトトロ』でサツキが「いただきまーす」と言ってキュウリをほおばるシーンがあるが、その英訳は、翻訳のバージョンによって様々だが、翻訳者の苦労がうかがい知れる。

▶ Michiko will be jealous.
　（ミチコがうらやましがるだろうな）
▶ Mark, get set, go!
　（位置について、ヨーイ、ドン！〔Mark は On your mark〕）
▶ Looks delicious!
　（おいしそう！）

などがあるが、いずれも「いただきます」のニュアンスは出せない（あたりまえだ）。

「ごちそうさま」考
　同様に、『トトロ』には「ごちそうさま」というセリフがあるが、

▶ Ahh.（ふう）

▶ I gotta go.（さて、行かなきゃ）
▶ Gotta go.（行かなきゃ）

と、みなはぐらかしている（しかたない）。
　「ごちそうさま」については、それに相当する決まり
文句はなくても、それぞれオリジナルの料理に対する褒
め言葉や感謝の言葉を言う傾向がある。ありきたりの言
葉としては、

▶ It was so delicious!
　（とってもおいしかったです！）
▶ That was a delicious meal!
　（おいしいお料理でした！）

などがあるが、もう少しバリエーションをつけて、

▶ What a fantastic meal!
　（なんてすばらしい料理！）
▶ We thoroughly enjoyed ourselves.
　（心ゆくまで楽しみました！）
▶ It was a very satisfying meal.
　（ほんとに大満足でした！）

　たくさんいただいてお腹いっぱいだということで、満
足と感謝を伝えることもあるだろう。

▶ I've had so many helpings! It was delicious.

（たくさんおかわりしちゃいました。おいしかったです）

▶ I ate way too much. I'm really full now.
（食べ過ぎちゃいました。おなかいっぱいです）

こういうバリエーションは、英米文化の「個」志向の表れでもある。「ごちそうさま」という決まりきった言い方では、本当には感謝は伝わらず、本当においしかったという気持ちも伝わりにくいと考えるのが、「個」の文化である。

　日本の場合は、ごちそうしてやったのに「ごちそうさま」と言わなければ、礼を欠いたやつだと思われがちだが、英米文化の場合は、決まった言い方をするほうが、礼を欠いていると思われてしまう可能性があるわけだ。

「おつかれさま」考
　「おつかれさま」も

▶ You've got to be tired.
▶ You must be tired.
（ともに「お疲れでしょう」という意味）

などと言えなくもないが、「なに言ってんのこいつ、おれが疲れてるからってなんなんだよ、そんなこといちいち言ってどうするの？」となる可能性もある。

　「疲れている」ことは「個」たる自分の問題なので、いちいち入ってこられたくないという「独立」願望の強

い人もいる。またお年寄りに言うと、「年寄り扱いするな！」というムッとした反応が返ってくる可能性もある。

　Well done! とか Good work! となると先生が生徒に、上司が部下に言うような上からの表現になってしまうので、使う状況は限られている。その意味では「おつかれさま」とは違う。

　こうして考えると、やはり決まり文句はその文化の様々な考え方を反映しているので興味深いが、英語でそれらに相当する表現がないのは日本人としてはもどかしいこともあるだろう。「おつかれー」などとどうしても言いたくなってしまう。

10　省略するのはなんのため?

短縮形の意味は同じではない

　英語を勉強していると、必ず短縮形とか省略形などに出会う。it is の短縮形は it's であるとか、I'd は、この場合は I had の短縮形で、この場合は I would の短縮形であるなどと知る。だが、その場合、

▶ it's ＝ it is
▶ I'd ＝ I would

などと＝（イコール）という理解をするのが普通だ。もちろん学習者にとってあんまりややこしいことを言うと

勉強するのが嫌になってしまうので、学習者のモチベーションを考えれば当然である。

　しかし、短縮形は概念的な意味は同じでも、本書が問題とするような、人と人との関わりで言えば同じではない。短縮するということは、それだけ簡略化しているということで、簡略化するということは、簡略化できる間柄であるということを意味する。短縮形は簡略形であり、簡略は基本カジュアルである。

▶ I'm Ippei.

は、軽く自分の名前を伝えてあいさつする感じだが、

▶ I am Ippei Inoue.

というと少しフォーマルな場面やパブリックスピーチで、自分の名前を伝えるのにふさわしい。さらに言えば、

▶ I AM Ippei Inoue.

と「am」を強調して言うと、イノウエイッペイの偽者がいるというような状況や、「イノウエイッペイって誰だろう、どの人だろう」と周囲がざわざわしている時に、「私（こそ）がイノウエイッペイだ」とドヤ顔で言っている情景が浮かぶ。さらに、

▶ She isn't a professor.
（彼女は教授ではない）

よりも、

▶ She is not a professor.

のほうが強く否定しているニュアンスになる。

省略の意味すること

　省略の場合も同様だ。英語の勉強をする時には、省略されたものを補って考えたりする。それも勉強という意味では、当然あってよい。

　しかし、ここでも、省略されたものと復元したものを同じと考えてはいけない。省略をするということ自体が、全部言わなくてよい、つまり言わなくてもわかりあえる、という「つながり」的な意味をもっているからだ。

▶ Are you interested?
（興味ある？）

は、文脈で何に関心があるかがわかっていれば、これで通じる。かなり文脈依存の省略でもあるが、だいぶ慣用化された言い方でもある。interested という語は省略しない型では、be interested in ... でよく用いる。

▶ I'm interested in working with Bill Gates.
（ビル・ゲイツと一緒に仕事をすることに関心がある）

などだ。省略をする、ということは、すべてを言わなくてもすむ関係であることを暗示する。その究極の形は、「あ・うんの呼吸」「以心伝心」だが、そこまでいかなくても、わかりあっているということを暗に意味し「つながり」的である。

▶ I have two tickets to the game. Are you interested?（チケット二枚あるんだけど、行く？）

は、省略している分だけ二人が親密な関係であることが想像される（男女とは限らないですよ）。
　質問をする前に、

▶ I have a question.

というと、やや長めの質問をする前置きというニュアンスがある。質問される側も多少身構えるかもしれない。それに対して、I have をとって、

▶ Quick question.

などということもよくある。これは相手が話している最中に、相手の話を全体としては遮りたくないし、話を続けてほしいが、ちょっとだけ訊かせて、というニュアン

スである。

「あなたの話をあんまり妨げないつもりですよ、その
あとも話し続けてくださいね、ちょっといいですか」と
いう感じだ。大上段に質問で対峙するのではないという
意味でより「つながり」的である。

ある場所までの道案内を聞いている最中に、

▶ Quick question. Is there an ATM there?
　（すみません、そこにはＡＴＭありますか？）

と訊いたりする。こう言えば、相手は話を遮られている
気があまりせず（気を悪くすることもなく）、その質問
に答えてくれるだろう。

　本章では、英語の三つの核心がいろいろな形で絡み合
っていることをお話ししてきた。本書で言わんとすると
ころの英語の核心的な骨格の部分についての理解が深ま
ってきたのではないかと思う。

　次章では、実践編として、具体的な言語行動におい
て、どのようにこれらの「タテマエ」が作用しているか
をお話ししたい。実際に英語を使う際や、英語圏の人た
ちのコミュニケーションを理解するための参考になれば
と思う。

第 5 章

英語を使ってみる
【実践編】

1 心に届く励まし

励まし・なぐさめの難しさ

　相手が落ち込んでいる時、困難な状況にある時に、励ましの言葉をかけてあげるのは時として難しい。人を励ますと、

　励ます者（大丈夫→上位者）
　励まされる者（困っている、みじめ→下位者）

という暗黙のメッセージを望まずとも送ってしまうからである。ちなみに、これまでも何度か「上位者／下位者」という解釈のされ方についてお話ししてきたが、このような暗黙のメッセージを「メタメッセージ」という。最近の若者の言い方で言えば、「マウントをとる」メタメッセージになってしまうことになる。

　阪神淡路大震災や東日本大震災の時もそうだった。あまりに大変な境遇になっている人には、無邪気に「大丈夫ですか」とか「がんばってくださいね」などと言えたものではない。文字通り言葉を失ってしまう。「大丈夫ですよ」などとも軽々しく言えないだろう。

　それでも多少（？）のつらさなさら、なぐさめとして、

▶ I know how much it hurts.
　（辛いのはわかります）

▶ I can imagine.
（わかりますよ）

くらい言えそうだが、あの時はとてもそういう言葉もかけられないくらいだった。その感覚を忘れないでいたい。

ポジティブに励ます

　そこまでの状況はさておくとして、日常的に誰かを励ますとなると、英語では、ここでもやはりポジティブだ。ポジティブに言える根拠があるとかないとか、いま風に言うなら、エビデンスがどうだとかは吹き飛ばして、明るく、

▶ You're gonna be OK.
（きっとうまくいくよ）

とか、

▶ I'm sure you'll do great.
（きっとうまくやれますよ）
〔心の声：ほんとはわかんないけどー、まあ大丈夫でしょう！〕

と言うとよいだろう。

▶ I know you're going to do great.

（うまくやれますよ！）

と言ったりもする。背中を押してあげることになる。他
人まかせっぽくもなりうるが、

▶ I'm sure it'll work out.
（きっとうまくいきますよ）
〔心の声：なんとかなるよ、ポジティブに行こう！〕

という言い方もできる。エビデンスもないのにポジティ
ブに言う典型が I'm sure ... という言い方だ。

微妙に違う I'm sure、I hope、I wish

　上の例文で示した表現は、相手に寄り添った言い方で
ある分、より「つながり」志向でポジティブだ。I'm
sure は「きっと大丈夫」と寄り添って先のことを言っ
ているが、これが、

▶ I hope you can do it.

だと、ちょっと引いて、「そう願ってるよ、まあがんば
って」というようなニュアンスになりかねないし、

▶ I wish you could do it.

だと、「できたらいいんだけど、無理だしねー」という
感じで、だいぶネガティブだ。似たような使い方をする

210

が、ニュアンスがそれぞれだいぶ違うので気をつけよう。

2 「がんばってね」はプレッシャー

「がんばれ！」はプレッシャー

　日本語の「がんばってね」は、言い方にもよるが、時にあいさつ言葉にもなる。もちろん、本当に踏ん張りどころでがんばっている人に対して「がんばれー」ということもある。このニュアンスの英語には、

▶ Hang in there.

などがある。これはまさしくがんばっている真っ最中に言う言葉だ。これからがんばろうとする人に対しては、

▶ Good luck!

などとよく言う。
　「がんばれ」という意味の、

▶ Go for it! ／ Do your best!

などは日本人が好きな（？）表現のようだ。スポーツなどでは言いたくなるのもわかるが、普通の会話ではこれはけっこう強烈に相手の「独立」領域に入っていく言葉

なので使う状況は限られている。

プレッシャーをかけない「がんばれ」

その意味で、「応援してるよ」という表現として、

▶ I'm rooting for you. ／ I'm pulling for you.

という言い方は、相手に何か無理強いしているわけではない、見守ってる感のある表現だ（その意味で、反面、無責任な感じもする）。

ポイントは、「私」がしていることであって、あなたに何かせよ、と言っているわけではない分、優しく、プレッシャーをかけないことである。なにか大きな災難にあった人などにも言いやすい。

ちなみに、「応援する」というと cheer という語を思い浮かべるかもしれないが、これは声援を送ったり、歓声を上げたりして応援するというニュアンスである。

Stand by me という名作映画のタイトルにある stand by は「応援する」よりさらに踏み込んだ表現だ。「味方でいるよ」「共に戦うよ」という意味合いで、

▶ I'll stand by you.

と言うと、自分が相手のためにどうしてあげるかまで想起させる。話し手が義務を負うようなニュアンスがある。

3 提案は「独立」に配慮して

　オフィスでも日常でもいろいろな提案をすることがあるだろう。それは世界中どこでも同じである。誰もなにも提案しなければ、人類はまだ洞窟の中で暮らしていたかもしれない。

　その一方で、なかなか提案をしづらい場面や職場もあるものだ。ということは、つまり単に提案すればいいというわけではなく、他の人への配慮に苦慮することが必要ということである。ここでも「独立」と「つながり」の原理が働いている。

　提案は、組織やグループのためであったり、回り回って時に腹黒く（笑）自分のためだったりするものだ。いずれにせようまくやりたい。せっかくの提案も言い方次第で受け入れられたり、はねつけられたりする。

　日本人にとっては、日本語でもあまりうまくない人もいるかもしれないが、英語だとなおさらだと思う。ここでも「独立」と「つながり」のバランスが大事だ。

まずは Let's を考える

　提案→「○○しましょう」とするなら、Let's … を思い浮かべる人は多いだろう。「レッツ・ゴー」などすでにカタカナ語になっている。だが、実は、Let's … も要注意表現である。これも「独立」と「つながり」の観点から見ると、その使い方を理解しやすい。

Let's は Let us が元になっている表現だ（Let us との違いは先述）。相手は us ということで「私たち」とひとくくりにしてよい関係かどうか、この提案が us に含まれている相手にとって利益があるのかどうかが問題である。

　基本的に Let's を使ってよい場面は、提案することが、相手の利益にもなりそうなケースだ。相手がきっと飲みに行きたい、誘いに喜んで乗ってくれそうなら Let's でＯＫだ。

▶ Let's go（out）for a drink tonight.
　（今夜、飲みに行こう）

などと言える（もちろんこれが一番よい誘い方かは別問題）。

Let's は相手を巻き込む提案

　注意すべきは、この言い方ですでにだいぶ相手を巻き込んでいるということだ。相手との親しさ、状況によっては、相手の「独立」の領域に入り込み過ぎることになる。相手の出方が微妙な場合は、

▶ Why don't you go（out）for a drink tonight?
▶ How about a drink tonight?

と相手の意向を尋ねるのがやはり一般的だ。これらの表現は、形だけながらも質問の形式になっている。もっと

カジュアルに、

▶ Hey, you want to come over for a drink?
▶ Drinks tonight?

と言ったりもするが、これらも「？」がついているので
おわかりのように質問調（上昇調）で言う。つまり、相
手の意向を尋ねているのだ。

　Let's ... は「やろうよ！　やるよね？」のように押し
つけがましく聞こえてしまうことがある。日本人には気
軽にポジティブに「レッツ〇〇！」というフレーズにも
使われがちだが、多くの日本人がもつ陽気に言えるイメ
ージとは異なり、相手にぐいぐいプレッシャーをかけて
しまう危険性がある。つまり相手の「独立」の領域を侵
害してしまうのだ。

　Let's のこういう性質を利用して、軽い命令としても
使われることがある。こちらは、上から目線で押しつけ
ないフリをする言い方だ。本当は相手に命じているが、
さも「私たち」のこととしていくことで、「上から」度
を隠蔽しているのである。

▶ Let's start the new project.
　（新しいプロジェクトを始めよう！）

と上司が言えば、ほぼ命令と受け止められる。

▶ Let's get started.　／　Let's get going.

も、上司やスポーツのコーチがハッパをかけて「始めよう」というふうに言ったりする。上に立つものなら、自分を含めることでチームに一体感をもたらそうという意図があるかもしれない。

また、言いにくいことを Let's で言うこともある。これもまた同じ原理に基づいていて、「つながり」志向の言い方だ。

▶ A：I'm sorry I was so insensitive.
　　（ごめんなさい。無神経でした）
　B：Let's think about what we say in the future.
　　（今後はどう言うかを考えよう）

Let's を用いて「あなただけでなく、私も考えなきゃね」という感じになる。相手をやりこめない言い方になるだろう。遠回しで説教くさくならないような言い方である。「つながり」的で、かつ相手の「独立」のメンツに配慮した言い方だ。

日本人にはなじみ深い Let's だが、もーレッツに多様な面をもっている。支離滅レッツな使い方にならないように英語の核心のタテマエをおさえておくことが大事だ。

「独立」に配慮した（控えめな）提案

提案のしかたはいろいろだが、英米文化的には助動詞の過去形（仮定法）を使いこなしたい。これが使いこな

せると、ぐんと英語っぽく、英米文化に合致した提案の
しかたができる。

　Let'sがだいぶ相手を巻き込んだ（場合次第でよくも
悪くも）提案のしかただということは先に述べた。それ
に次ぐくらい直接的な提案のしかたは、

▶ How about～ing?　／　Why don't we … ?　／
　Shall we … ?

や、柔らかな提案のしかたとして、英会話表現集によく
あるのは、

▶ Maybe we should/could …　／　Perhaps we should
　…　／　I guess we could …　／　I would say …

などだ。この中で表現としては、提案の強さ、自信の度
合いは、I would say … が一番強い言い方である。I
would say は would という先にも述べた英語的なクッシ
ョンがついているが、say と言っている分だけ断言に近
いのだろう。もう「言っちゃってる」からである。
　ちなみに、perhaps という言葉は最近、特にアメリカ
の若い世代はあまり使わないようである。ちょっと古め
かしい、したがって気品を感じさせるような語である。
　I would say は遠回しなようで、「私に言わせれば」と
ちょっとオラオラなニュアンスもある。

▶ A : How do you feel about your opponent in the

next round?

（次の相手についてはどう感じてますか？）

B : I would say he's no threat.

（オレに言わせりゃぜんぜん脅威ではないって感
じ）

それに対して、I guess の方は「推察している」だけな
ので、say ほど踏み込んでいない。

▶A : We have a lot of time to kill, huh?

（だいぶ空き時間あるね）

B : I guess we could go to karaoke while we wait.

（待ってる間、カラオケでも行く？）

という感じだ。

　ちなみに、I guess はどちらかというとアメリカのほ
うがよく使われる。イギリス系は同じ意味で、I reckon
という言い方をよくする。

　さらに、相手に尋ねる言い方をして提案することもあ
る。これも押しつけない言い方である。Do you think
we should/could ...? は、定番の一つだ。

▶A : I'm worried about the air circulation in here.

（なんかここ換気悪いですね）

B : Me too. Do you think we could open some
more windows?

（そうなんだよね。もっと窓を開けようか）

A : Sure thing!
（おーけー）

Bは相手に「……と思うか（Do you think ... ?）」と尋ねているが、自分がそうすべきだと思っていることが伝わって間接的な提案になる。

I guess ...、maybe などの断言を弱める語句（「ヘッジ」という）を加えると、基本的に提案の押しの強さを調整できる。ただし、注意しなければならないのは、相手の「独立」に配慮して、丁寧な意味合いでヘッジを用いている場合だけでなく、本当に自信がないように提案している場合もあるということだ。

このあたりの区別はなかなか難しい。おそらく英語ネイティブは無意識に判断しているのだろう。判断の材料になるのは韻律（プロソディ、単純に言えば発音のしかた、音調）と、umm などの躊躇しているような表現を一緒に使っているかだ。単に丁寧に相手の「独立」に配慮しているならこれらの表現はあまり強調されない。

提案の戦略

やりとりの中での提案を考えてみよう。

まずは提案の前段階。特にビジネスの状況に言えることだが、いきなり、

× I want to tell you something.
（ちょっと話があるんだけど）

と言うのは、得策ではない。自分の願望を直接的に言い過ぎているので、相手にもメリットがある言い方ではない。そもそも、この表現は「なにかひとこと言ってやる！」という感じでかなり直接的な警告の響きがある。

　提案をするには前置きが必要だ。提案は、自分も含んでいる場合もあるが、第一に相手の領域に踏み込むことである。したがって、相手の「独立」に配慮をしなくてはいけない。

▶ Do you have a moment to listen to my proposal?
　（私の提案を聴いてもらう時間ありますか）
▶ Can I suggest something?
　（ちょっと提案していいですか）

と、まず尋ねるのも基本的な口火の切り方だ。また、提案をしたいということを間接的に伝える言い方もある。

▶ I have an idea. ／ I've got an idea.
　（いい考えがあるんです）
▶ I was thinking about the problem with ...
　（…の問題を考えてまして）

これらの共通点は、自分のこととして語っていることだ。自分のことだから、額面としては誰も侵害しない。

▶ There is something I wanted to share with you.
　（聴いていただきたかった話があるんです）

という切り出し方もある。share with you と言っている
ので、相手を巻き込んではいるが、There is ... は「…
がある」という客観的に存在を示す言い方だ。客観的は
「独立」的である。こうしたひとごとみたいなのがよい
こともある。相手の領域をおびやかさない。

4　バラエティ豊かな英語の謝罪

謝罪のバラエティ

　第３章で日本人は謝り過ぎという話をしたが、実際に
謝るべき状況もあるのだろうから、謝罪のスペシャリス
トとしては、謝罪表現のバラエティを持っておくことも
大事だ。基本的には、

▶ I'm sorry.（ごめんなさい）
▶ I apologize.（謝ります）

で、それにいろんな装飾をくっつける。

▶ I'm terribly sorry ...（ほんとにごめんなさい）

とか、

▶ I do apologize ...（ほんとに申し訳ない）
▶ I sincerely apologize ...（心から謝罪します）

などである。複数形のコミュニケーションのところでも
挙げたが、

▶ My apologies（for ...）

という言い方は、少しフォーマルな謝り方だ。

「つながり」志向の謝罪

　謝罪の気持ちをより伝えたいならば重要なのは、プラ
スの一言を言うことだ。先述のように、言葉が多いこと
は「つながり」志向になるし、内容的にも気持ちは言葉
にしたほうが伝わりやすい。

▶ I'm sorry. I should have considered your feelings.
　（ごめんなさい。あなたの気持ちを考えるべきでした）
▶ I'm sorry. I should have known you wouldn't like
　that.
　（ごめんなさい。あなたがそれを好きではないことを
　知っているべきでした）
　〔心の声：あなたのこと、もっと考えなきゃだった、
　ごめん〕
▶ I'm sorry. That was so dumb of me.
　（ごめんなさい。ほんと私がバカでした）
▶ I'm sorry. That was so careless of me.
　（ごめんなさい。私が不注意でした）
　〔心の声：私がバカだったー、ごめん〕

などを言うと十分伝わるだろう。ただ、

▶ I'm sorry. I was really selfish.
（自分勝手でした）
▶ I'm sorry. I was only thinking about myself.
（自分のことしか考えてませんでした）
▶ I'm sorry. I wasn't thinking about how others
would react.
（他の人がどう思うかを考えていませんでした）

くらいになると、「相当悪いと思っている」＋「簡単に
許されないかも」＋「相手との関係を回復させたい」と
いう合わせ技で、悪かったところを明示的に言うなどで
相当の反省を伝えることになる。
　英米のコミュニケーション文化なら、自己批判でかな
りへりくだっているので、「対等」の原理にも反し、相
当悪いことをしなければ恥ずかしくて使えないだろう。
「つながり」も捨てている。かなりの謝罪だ。

「独立」志向の謝罪
　ビジネスの場面などで、自分に非があることが明白な
らば、

▶ I'm sorry（＋装飾）
▶ There really is no excuse.

のようなことを言ったりもする。上の表現に比べて、これがビジネスの場面やかしこまった場面にふさわしい。よく見るとすぐに気づくが、There really is no excuse. には "I" がないからである。

　自分ごとではなく（やらかしたのは自分なんですけど）、客観的に見て、これは弁解の余地がないくらい自分の落ち度です、と言っているわけだ。これが「独立」志向の謝罪ということになる。ここでも「つながり」と「独立」のバランスが大事だ。

5　反論のキツさをやわらげるには

　相手が間違っていると指摘すること自体は、「つながり」志向に反する。少なくともかつての日本でならぐっとこらえるか、面倒くさいのでスルーするかもしれないが、英米のような社会では、そうも言ってられないことがより多い（日本もそうなってきたか）。

　これは言葉で考えを表明せねばならない度合いが強いからである。異論、反論を投げかけなければならない時はそうせねばならない。そのためか、英語では、この反「つながり」度を弱める方策が発達してきた（慣用化してきた）。

反論は基本、キツい
　反論をする際の基本型は、

▶ I don't agree with ...
▶ I don't think ... is a good idea.
▶ I don't think we should ...

などである。

▶ I think ... is not a good idea.

という言い方は基本的にしない。I think は、主張を弱める表現であるにもかかわらず、... is not a good idea はけっこうはっきりと強く否定するニュアンスがあるからである。I don't think でまずは否定か肯定かの態度をあらかじめ示しておくのが英語的だ。

　You're wrong. という言い方が英語圏でもかなりキツい言い方で避けるべきだという話は前にした。それをちょっと弱めようと I think you're wrong. と言ってもキツさは本質的に変わりない。これは wrong という言葉の意味がキツいというより、相手の考えをはねつけ「つながり」を絶つ言動と思われるのでキツいのである。

「独立」志向の回避策

　そういう場合、I see things differently. という言い方をしたりする。例えば議論をしている時に、

▶ Interesting analysis, but I see things differently. I don't think the economy misbehaved in the 1970s.（面白い分析ですが、私は違う見方をしています。

1970年代の経済が正常に機能していなかったとは私は
　考えていません）

と言ったりする。これはいわば、「私は私、あなたはあな
た」という「独立」志向を持ち出すことで、「つなが
り」の拒否を回避しているわけだ。

▶ You and I see things differently, that's all.
　（君と僕とでは見方が違う。それだけだよ）

と説明するのも、違っていながら（「独立」志向であり
ながら）つながろうとしている言い方だ。もうちょっと
はっきりと、

▶ I can't agree with you.（同意できませんね）
▶ I beg to differ.（失礼ながら、私は違う意見です）

という言い方もする。これは「建設的な議論をしている
んですよ、別にあなたとの「つながり」を絶とうとして
いるわけではないですよ」という表現である。ただ、反
対の意見を言う時には、

▶ With all due respect ...（お言葉ですが…）
▶ I'm sorry but ...（すみませんが…）

などを前置きとして言うこともある。前置きとしてこう
言うことで、反論するのは心外だという自分のスタンス

を表明しているわけである。日本の時代劇で、お殿様などに「恐れながら申し上げます」と前置きするのと同じである。

▶ With all due respect, sir, I don't believe that's true.（お言葉ですが、それは真実ではないと存じます）

　前置きや、ポイントを前もって言う演繹的な言い方は、合理的で冷静で客観的な印象を与えやすい。これらは「独立」志向のイメージである。

いったん褒めてから反論する

　先ほどの例の、

▶ Interesting analysis, but I see things differently.

という表現は、別の意味で「つながり」志向の衝突回避策だ。公式ふうに言うならば、

〈いったん褒める or 同意する〉but〈完全には同意できないことを伝える〉

という形だ（これは部分的同意〔partial agreement〕と呼ばれたりする）。上の例で言えば、「面白い分析ですね」といったん相手を褒めておいて、でも自分はそうは思わない、という言い方である。場合によっては、「全然違うよ、あんたの分析、まったく同意できない」とい

う場合でも、ある種の礼儀としてこういう言い方をしたりする。

▶ I see what you mean.
（おっしゃることはわかります）

と共感を示しておくのも「つながり」的だ。

「禁止」も「つながり」？

　ちなみに筆者は職業柄、学会の研究発表の質疑応答や授業などを見る機会があるが、印象として、英語圏や英語での場合のほうが、やりとりは優しく、むしろ日本のほうが厳しい。この印象をつくっているものは、今お話ししたような「つながり」志向の表現の慣習があるからと思われる。

　たとえ接客業で客と店員の間柄でも、禁止を伝えるのは、やはりキツい響きがあることがある。「つながり」を絶つという意味では避けたい。こういう場合も同様に、「独立」志向に切り替えて、反「つながり」的ではないようにする。

▶ Smoking is strictly prohibited.
（喫煙は堅く禁じられております）
▶ Flash photography is not allowed during the show.
（ショーの途中ではフラッシュ撮影は許可されておりません）

これらのポイントは受動態にしているところだ。You can't smoke.のようにYouを主語にするのでなく、私とあなたの関係ではない、「つながり」とは関わりない一般的なことですよ、という戦略をとっている。

先にもお話ししたように、フォーマルな語を使うというのは「独立」志向の戦略なので、そういう意味でもprohibit、allowなどのフォーマルな語を使うことで、「「つながり」的な、あなたと私の関係として言っているんじゃないですよ、個人的にあなたにどうこう言っているんじゃないですよ」というニュアンスがここでも伝わりやすいのである。

助動詞で伝えるコミュニケーション

助動詞は文字通り動詞を助ける役割をする。基本的に動詞の前に置く。あるいは疑問文では文頭にきて、「助動詞＋主語」という型で、疑問を発する印になる。

文法的にはそれでおしまいである。中学校の英語の時間に勉強すること以上のことはあまりない。ただ、助動詞が生み出す意味合いは、英語が母語でない人にはなかなかわかりづらいし、使い方もそう容易ではないこともある。

Do you speak English? か Can you ...? か

一昔前だと、日本人はだいたい、白人なら英語を話すものと思い込んでいた。筆者が子どもの頃は、そもそも特に田舎では外国人を見かけることが少なかったし、いたとしてもかなりの割合でアメリカ人だったと思う。

学校の英語の教科書も、アメリカが想定されていた。戦後すぐから筆者より前の世代くらいまでは、ジャックとベティが英語の教科書の登場人物で、日本人は見事にアメリカ信仰の洗脳を受けていた（清水義範の『永遠のジャック＆ベティ』は抱腹絶倒のパロディである）。

　もちろん西洋人らしい人たちでも英語を話すとは限らない。相手が英語を話す人かどうか、英語が通じる人かどうか、を尋ねる場合、日本語だと「○○語を話せますか」という言い方をすることが多いだろう。「話せますか」は「話すことができますか」ということである。この連想で、英語でも Can you speak English? と言ってしまいがちである。

　これはこれで間違いということではない。しかし、言い方によっては若干カチンとくる言い方になりうる。理由は二つある。一つは、「できるの？」と能力を問うような質問と解釈されると上からなニュアンスになってしまうということである。「なに、できるのだって⁉　上から訊いてくるなー」と相手は思ってしまうかもしれない。

　これまた言い方による。もう一つは、そもそも「話すことはできるが、話したくない」というヘソマガリ（？）がいなくはないからだ。その可能性を想定しておくのが英語的には必要なのだ。

▶ Yes, I can, but I don't.

（ってこの時点で英語しゃべってますが）と答えかねな

い。実際は、そんな戦闘態勢になる人は、他の理由がな
ければ、いなそうだが、そういう選択の余地を残してお
くのが「個」の文化であり、「独立」の文化だ。

　では、なんと尋ねるのかというと、

▶ Do you speak English?

が一般的である。この質問なら一般的に日常的に英語を
話すかどうかを尋ねているので、「オマエ、できるのか
よー」的な上からな言い方にもならない。無難な言い方
である。

助動詞がつくる「つながり」と「独立」

　助動詞は対人的関係を示すことがよくある。would が
英語の特徴を表す典型的な助動詞だということは先にお
話しした。微妙なさじ加減が必要だが、パッケージ化さ
れたものもある。英語を話すという次元で考えると、ま
とまり（コロケーション）で使う用途を理解しておくの
が便利だ。

▶ Maybe we should ...

は、柔らかく提案をするときによく用いる。この場合は
maybe だが、こういう副詞は一緒に、ワンセットで使
う表現がある。あまりイディオムと意識されず、イディ
オム集にも載っていなかったりするが、助動詞を含む慣
用的なまとまり（コロケーション）は、使う英語をこな

れた印象にするのに重要だ。結局、我々の言葉は英語にしろ日本語にしろ、決まり文句だらけなのだ。

▶ Maybe we should just go home.（うち帰ろうか）
▶ You should probably ...

もそういう表現で、こちらは柔らかく助言をする言い方だ。なお maybe と probably では入る位置が違う。maybe は文頭、probably は should のあとにくる。

▶ You should probably get some rest.
（休むといいですよ）
〔心の声：休んだほうがいいんじゃないかなー〕

それに対して、I guess we could は思いつきレベルの提案をする言い方だ。

▶ I guess we could try to look for someone else.
（だれか別の人を探したほうがいいかもね）
〔心の声：よくわかんないけど〕

I would say は先ほどもとりあげたが、こういう文脈では個人的な推測をする言い方である。

▶ I would say he's conservative, but open-minded.
（彼は保守的だけど、偏屈じゃないと思いますよ）
〔心の声：だと思うけどー〕

「独立」が生んだ助動詞の変化

　少し文法的な話になるが、助動詞には、基本的に二つの使い方、意味がある。一つは義務や許可を相手に与える意味であり、もう一つはものごとの認識のしかたを表す用法である。／の左が前者、右が後者である。

▶ can 　　〜できる／〜でありうる
　may 　　〜してもよい／〜かもしれない
　must 　　〜しなければならない／〜に違いない
　should 　〜すべきだ／〜なはずだ
　will 　　〜するつもりだ／〜だろう

　ところが、特にアメリカ英語では、must は義務を表す用法としては近年ほとんど使われなくなってきている。「〜しなければならない」という義務の意味で言う場合は、You must … というより、You need to … や You have to … のような若干より優しめな言い方のほうが用いられる。立ち入って命令したりすることが、言い方としては減退しているのである。

▶ You must do something for me.
　（何かやってもらわねばならない）

というようなきつい命令調の must の用法はすたれ、

▶ She must be in Kanazawa.

（彼女は金沢にいるに違いない）

You must be a very good friend of hers.

（あなたは彼女の本当にいい友人に違いない）

というような強い推量にしか must を使わなくなっている。

　これは、推測というか推理の範囲を出ないが、直接的で、強めの言い方が減ってきていることは、少なくとも日本と英語圏を見る限り一般的な傾向のように思われる。筆者の観察が世界中に及んでいるわけではないが、社会生活の様々な局面が「個」化しているというのは世界的な傾向なので、他の文化圏でも起こっていることかもしれない。ネット社会がより他人の「個」の領域に入り込みにくくしているのだろうか。

　それは「独立」志向の変化ということでもある。日本でも、「〜みたいな」「私的には」のようなフレーズや、政治家を含め、「〜させていただき」の乱用など、一昔前ならまどろっこしい言い方が普通になってきている。映画『男はつらいよ』シリーズを見ていても、明らかに初期のころのほうが、セリフの威勢がよい（乱暴だ）。

6　褒めは「つながり」の代表

　おそらく洋の東西を問わず、褒められると嬉しいものだ（イヤミじゃないかぎり）。褒められるということは、その人に認められるということで、基本的に「つな

がり」志向である。逆に言えば、褒めは「つながり」志
向の代表みたいなものである。

　これまた多くの文化で、社交辞令的に褒めるというこ
ともあるだろう。あまり好きでないものでも沈黙せず
に、Good. や Fine. などと言ったりもする。

褒めのバリエーション

　その意味で本当に褒めたい時には（少し大げさに）感
情を込めた感じで称賛するとよいかもしれない（社交辞
令であることがなるべくバレないように）。これは褒め
るのが当たり前過ぎて基本であるのが英米文化の特徴で
あることの裏返しだ。

　褒め言葉は、簡単なものとしては Great! や Wonder-
ful! など定番のものがあるが、いくつかバリエーション
がないと個性がない、つまり「個」的でなくなり過ぎ
る。ここでもやはり、「個」と「つながり」の合わせ技
だ。

　nothing like ... は「…ほどいいものはない」という表
現だ。「良い（good など）」という言葉は入ってない
が、これで「良い」という意味になる。そこまで言わな
くてもというくらい褒めることは基本だ。

▶ There's nothing like cold beer after a hard day's
work.
（汗水垂らして働いたあとは冷たいビールが最高だ）

　褒めることは「つながり」志向の基本なので、マイナ

スの言い方を避けたいというところもある。微妙な言い方をしてしまった時に、つけ足すかのように「いい意味で」と言うことが日本語でもあるが、英語でも in a good way とつけ足すことがある。フォローしているわけだ。

▶ I love your soup. It's spicy in a good way.
（このスープおいしい！　スパイシーだね、いい意味で）

この場合、相手の料理を褒めているのだが、spicy は良いほうにも悪いほうにもとれる微妙な語なので、in a good way でフォローしているのだ。あるいは、すごいことに挑戦する友人に対して、

▶ You're crazy, dude, and I mean it in a good way!
（おまえクレイジーだな！　いい意味で！）

ということもあるかもしれない。しゃべっている途中で「言い方をまちがえたかな」という時にリカバーするために知っておこう。
　I have to say ... は、「（本当は言いたくないけど）どうしても…と言わなくてはいけない」というネガティブな意味で使われることが多い。
　しかし、反対に「本当に、まったく」のようなニュアンスで、ポジティブな内容を強調するために使うこともできる。むしろ褒めの強調という言い方だ。

――ホテル従業員に対してホテルから見える風景を褒めるという場面。

▶ 従業員：How are you enjoying your stay, sir?
（ご滞在、お楽しみいただけていますか？）

観光客：It's wonderful, thank you. I have to say, the views are marvelous.
（すばらしいですよ。絶景です、いやマジで）

相手の容姿を強く褒める場合にも、この表現はよく使われる。

▶ I have to say, you look stunning today!
（ほんと、きょうステキだよ！）

などのようにである。

褒めはきっかけ

ファッション、おしゃれに関することであれば、一般に特に女性同士の場合（個人的な観察による傾向です）、おそらく英語圏でも日本でも「つながり」意識は生み出されやすいように思う。この話題で相手を褒めたりすると気軽に盛り上がったりするようだ。話のとっかかりとしてよいのだろう。

▶ I love your nails! Where did you get them done?
（ネイルすてき！　どこでやってもらったの？）

▶ Oh my goodness! Your boots are to die for!
　（うわあ、ブーツすんごくいいね〔死ぬほどいい〕）

などである。

　これまた個人的な観察とこれまで多くの学生を見てきた経験から言うと、日本人学生が英語圏に留学した場合、女子のほうが現地の友だちを作るのが容易なようだ。おそらく上のような会話は、一般的に女子のほうがよくする傾向があるからではないかと思う。

　ただし、近年留学する日本人学生の話を聴くと、男子でも現地の友人が作りやすくなったようにも思う。筆者の聴くところでは、最近は日本文化の人気が高く、日本人に接近しようとする人が増えたようだ。関心をもってもらえると友人（以上の）関係に発展しやすい。これまた「つながり」志向の原理である。

　日本でも人と仲良くなろうと思ったら、とりあえずその人の何かを褒めてみるのも手かもしれない。

7　褒められたときの英語

　褒めは心からのものもあれば、社交辞令的なものもあるだろう。いずれにしても褒められると悪い気はしないのが人の常だ。褒めること自体が「つながり」志向なので、当然ながらそれに対する答え方も大事だ。

　褒められたら否定し謙遜する、というのが日本のコミュニケーションの典型だった。ただ、最近は日本でも欧

米の影響か、あまり過度に謙遜しすぎると偽善的に思われたり、つまらない反応と思われたりして、かつてほど謙遜（自己卑下）しなくなってきている。

　先にも何度かお話ししてきたが（ここはポイントの一つなので繰り返します）、英米では、褒められても謙遜しない、という都市伝説的なものが流布されているが、実はそうでもない。ここでは、褒めへの返答を見てみよう。これも「独立」と「つながり」に関わるからである。褒めに対する返答は大ざっぱに言って以下の三つのパターンだ。

・褒め言葉を受け入れる
・褒め言葉を否定する
・褒められている状況を回避する

褒め言葉を受け入れる

　褒め言葉を受け入れるのは、英米のコミュニケーション文化の典型と思っている人も多いだろう。

▶ Thanks. That's nice of you to say that.
　（ありがとう。そう言ってくれてあなたはいい方ですね）
▶ I'm glad to hear that.
　（それを聞いて嬉しいです）

と答えたりするものだ。

　褒め言葉を受け入れると同時になにか説明を加えるということも受け入れ方の一つだ。説明を加えるというこ

とはそれだけ多く情報を共有しようという態度なので、基本的に「つながり」志向である。

　息子を褒められて、

▶ Thank you! We're proud of him.

　「自慢の息子なんだ」という補足は、日本では相手によっては言いづらい。日本語の「自慢」という言い方そのものがネガティブな響きをもつことすらある。

　ちなみに、英語で「自慢する」という言い方はいくつかあるが brag about ... とか boast about ... などはネガティブなニュアンスだが、この be proud of ... は「誇りに思っている」ということで、良い意味でも使う。ただ、問題は身内のことを誇りに思うと言えるかは、日本の場合、場面によるということだろう。

いきなり謙遜しない

　話を戻そう。褒められた時に、いきなり謙遜しないで、まずは感謝をして、なにかを加えるというのが英語的だ。日本の場合、伝統的には謙遜が基本であり、自分を相手より下位におくのが、少なくともあらたまった相手に対しては基本だ。褒め言葉に対してありがとうと言ってしまえばそれを認めたことになる。

　英米の場合は、いきなり謙遜をするということは、相手の賛辞なりのコメントを否定するということになるため、しない。まずは相手の褒め言葉を認めるという意味で「つながり」志向なのだ。

ただ、褒められて感謝だけではそっけない。それに何か加えて言うのが「つながり」である。いくつかパターンを見てみよう。

　例えば、料理を褒められた時、単に事実を言い添えるようなコメントを加える言い方がある。これは、あまり褒められて有頂天になっていないという態度である。

▶ I'm glad you like it! I've been experimenting with what spices to use.
　（気に入ってくれて嬉しいよ。どんなスパイスを使うかだいぶ試してきたからね）

ジョークで回避する

　褒められて、それを肯定して受け入れるようなことを言って、加えてさらに冗談っぽく肯定する、というのもよくある応答だ。冗談は基本的に「つながり」志向である。

▶ Thank you. It's not bad, is it? At least, nobody has complained yet!
　（ありがとう！　悪くないだろ⁉　少なくともまだ文句言ったやつはいないよ！）

　褒められるということは相手によって上げられることなので、「対等」のタテマエが意識されるような場合は、この不均衡は居心地が悪い。そのため、話題を変えて、この不均衡を回避するということもある。

▶ Oh, thank you! It's a little burnt but I think it turned out alright. Do you like to cook?
（ありがとう！　ちょっと焦げちゃったけど、まあまあいい感じになったんじゃないかな。あなたは料理するの好き？）

　同様に、褒め言葉に対してジョークで返すということもある。先にも述べたように、ジョークは「つながり」志向であり、「対等」のタテマエに合致する。

▶ Can you tell my husband that?
（それうちの旦那にも言ってくれる？）
▶ I need to cook for you more often!
（もっとあなたに料理しなきゃね！）

などと言ったりする。そのジョークがほんとに面白いかどうかはあまり重要ではない。ジョークであるということがわかればいい。大げさに言うとだいたいジョークであることがわかってもらえる。ピアノを弾いているのを褒められたら、

▶ I should hope so; I've only been playing for 30 years!
（だといいですけど。まだ30年くらいしか弾いてませんから）
〔心の声：only ... 30 years って言えばジョークってわかるだろ〕

などとケタはずれなことを言うとジョークであることが
わかりやすい。

---

8 無理強いしない依頼

依頼の基本

　依頼は相手に対する配慮が最もはっきりと意識される
振る舞いだ。つまり、受け入れてもらいたい分だけ気を
遣う。明確なだけに、言語学の研究対象にもなりやす
く、その実、この種の研究では、最も多く題材として扱
われてきたトピックでもある。

　依頼の基本は、相手の「独立」性に配慮することだ。
つまり「無理強いしない言い方をする」「選択肢を与え
る」「依頼に応じるかどうかの自由を与える」というこ
とである。このあたりの原理は、誘ったり（勧誘）する
場合と同じだ。

▶ Send me your picture.（写真送って）

というよりも、普通の文脈では、

▶ Can［Could/Would］you send me your picture?
　（写真を送ってくれますか？）

と疑問形で言うほうが丁寧だ。直接的な命令文は、文脈

次第だが、「強制」「押しつけ」という印象を与える可能性がある。一方、Can［Could/Would］you ... の言い方は相手にお伺いをたてている分だけ、相手に自由度がある。つまり、相手の独立性が尊重される。

否定の疑問文が丁寧にならない不思議

　基本はこうなのだが、面白い現象がある。日本語でも疑問形のほうが基本的に丁寧になるが、さらに、

「してください」
→「してくださいますか」（肯定＋疑問）
→「してくださいませんか」（否定＋疑問）

と、日本語では肯定の疑問より、否定の疑問のほうがより丁寧に感じられることが多いだろう。
　この理由として考えられるのは、否定で尋ねるほうが、否定で答える、つまり依頼を受けない、という回答が心理的に若干しやすいということがあるだろう。つまり、依頼を受けねばならない（ＯＫと言わねばならない）プレッシャーがより低いのだ。
　ところが、英語ではこうはならない。例えば、

▶ Do it for me.

より、

▶ Can/Could you do it for me?

244

のほうが丁寧だというところまでは同じだが、上の日本語と同じ理屈で、

▶ Can't/Couldn't you do it for me?

が、より丁寧になるかというと、そうはならない。Can't/Couldn't you ...? は、言い方次第ではあるが、依頼よりも提案のニュアンスになることが多い。

▶ Couldn't you buy it online?
　（オンラインで買ったらいかがでしょう？）
▶ Can't you use the inbuilt microphone?
　（内蔵マイクを使ったらいいんじゃない？）

はいずれも依頼より提案の表現になるのが普通である。そこから発展（？）して口調によっては文句を言うような言い方になることもある。

▶ Couldn't you show a little more respect?
　（もうちょっと敬意を示したらどうなんだ！）
▶ Couldn't you do it like this?
　（こんなふうにやってくれるかな）
　〔心の声：こうすればいいじゃん、なんでわかんないの？〕

　より丁寧な言い方をしたければ、これまた定番になっ

ている、

▶ Would you mind ～ing?
▶ Would it be possible for you to ... ?

などを使うのが一般的だ。これはこれで丁寧さが慣習化
されている。

▶ Would you mind telling me what's going on?
　（なにが起こっているのか話してくれますか）
▶ Would it be possible for you to come down to my
　office to chat for a few moments?
　（私のオフィスに来てちょっとおしゃべりできるか
　な？）

ただし、Wouldn't you ... ? は依頼に使うことができる。
しかも丁寧な言い方だが、やや古めかしい感じがする。
このあたりは原理的なことと慣習的なことが不思議に関
わり合っている。

意外に簡単じゃない please
　小さな子どもが、親になにかを頼んだとき、please を
つけないで頼むと、

▶ What's the magic word?
　（魔法の言葉はなに？）

246

と言われたりする。

▶子：Can I have another cookie?
　　（クッキーもう一つちょうだい）
　親：What's the magic word?
　　（魔法の言葉はなに？）
　子：Please.
　　（お願いします）

というやりとりが典型だ。なにかものを頼む時は
please をつけなさいというしつけの定番である。
　お願いする時に please をつける。これは基本として
よし、だ。自分の利益になることを相手にやってもらう
時には please をつける。相手の利益になることなら
please をつけないで命令文を使えるというのも基本
だ。しかし、ことはそう単純ではない。基本的にこの言
葉は丁寧にお願いするのに必要な言葉であるのは間違っ
てはいない。ただ、一方で、please を使い過ぎるのが日
本人の英語の特徴でもある。これはいかなる要因による
ものだろう。
　どういう時に please をつけて、どういう時はつけな
くてよいのかは日本人にはなかなかわかりづらい。まず
第一に理解しておかねばならないのは、please を言うこ
と自体が丁寧であるという側面もあるが、please は「お
願い」の切実度の表れでもあるということだ。もちろん
please と言うほうが（そしてその言い方によって）お
願いの切実度は高い。

▶ Could you PLEASE give me some marriage
advice and tell me how to spend my money?
（私に結婚のアドバイスとお金の使い方を教えてくれ
ませんか？）

と please を強調すると、ぜひ聞かせて！とお願いの切
実度が高いことが強調されている。
　もちろん、切にお願いしているふうを装って please
をつける丁寧さもある。裁判で、弁護士などが、

▶ Could you please explain to the jury what hap-
pened next?
（陪審員に次に何が起こったかをぜひご説明いただけ
ますか？）
〔心の声：さあさあ言って言って。それいい証言だよー〕

などというのは、法廷での振る舞いとして意識されたも
のだろう。型通りという感じだ。またキャビンアテンダ
ントなどが言う、

▶ May I have your attention please?
（ご案内申し上げますので、聴いていただけますか？）

これも切にお願いするというていの振る舞いだ。
　パターン化したものもあるので、こういうのは習慣化
されている。習慣化されていることは、逆にそれを言わ

248

ないとマイナスになったりする。

▶店員：Would you like a plastic bag?
　　　（レジ袋要りますか？）
　客：Yes, please.
　　　（はい、お願いします）

これはほぼ決まった言い方で、please をつけるのがお決まりである。いらないなら、

▶No, thanks.
　（いいえ、けっこうです）

で、これまた決まり文句だ。

▶A：Do you need help?
　　　（手伝おうか？）
　B：Yes, please. ／ No, thanks.
　　　（ええ、お願いします／いいえ、けっこうです）

などの please はとりわけ丁寧というわけでもない。しかし、このパターンがお決まりである。
　事務的な文書やメールなどで、注意書き的に、Please note ... というのもパターンだ。「…にご注意ください」という意味で使う。電子メールで「添付ファイルを見てください」などもある。

▶Please find attached a recent report from the Wilderness Society.
（添付のウィルダネス・ソサエティの最近の報告書を
ご覧ください）
＊この文章は定型的だが、report が Ｓ Ｖ Ｏ Ｃ の Ｏ（目的語）で
attached が Ｃ（補語）という倒置が起こって慣用化されている。

please が丁寧というわけでない証拠にこんな例もある。

▶Could you please tell me what the hell you're doing?（いったい何やってるのか説明してくれる？）
▶Could you please tell me what the fuck is going on?（いったい何が起こってるのか説明してくれる？）

the hell や the fuck などは、できることならエレガント
で上品な本書では取り上げたくないような言葉であるこ
とを申し添えておこう。
　Oh, please という表現も定型化した言い方である。
「んなわけないだろ！」「うそつけ！」というニュアンス
だ。

▶A : You look pretty today, mom.
　　（お母さん、今日、ほんときれい）
　B : Oh please. You just want extra dessert.
　　（なに言ってるの。デザートもっとほしいだけでし
　　ょ！）

▶A : I could do your job as well as you do.
　　（君に負けないくらい、その仕事できるよ！）
　B : Oh please! You can't even turn on the computer!
　　（ふざけるな。パソコンの立ち上げもできないだろ！）

please が表面的に丁寧なお願いに伴って使われるという機能をもっているので、これはその皮肉な裏返しである。「おいおい、たのむよー」というところである。

　please の使い方には英米で差がある。アメリカでは、丁寧さを増したりお願いの切実度を上げるのに please をつける。その一方で、大したお願いをしていないときに please をつけると、言い方によっては、堅苦しいニュアンスになったり、もしくは高圧的になったり、エラそうになったりする可能性がある。

　一方、イギリスでは、家族や親しい間柄でも please をつけるのがむしろ自然だったりする。ゆえに、言わないと無礼になる可能性がある。おそらく統計をとったら（ま、できるとして）イギリス人のほうがアメリカ人よりかなり多く please を使っているだろう。

9　断るにも戦略が要る

　断ることも時に気が引ける。気が引けるということは、社会的、社交的プレッシャーがかかっているということだ。ここでも「独立」と「つながり」のタテマエが作用する。

断るという行為自体は相手との距離を生む行為であり、相手と溝のできる行為でもある。したがって、「つながり」志向でその溝を埋めるのが基本だ。

　もちろんどの程度かは相手との関係がどれくらい親密かによる。そして、ちょっと想像したらわかるように、例えば誘いを受けた時に断るのにも、どちらかというと行きたくなくて断る場合と、本当は行きたいのに断らざるをえない場合とがある。一般に、後者のふりをするほうが「つながり」志向で、得策である。

「つながり」の社交辞令——ほんとにほんとは行きたい？

　英語で、誘われたときの断り方の典型はこんな感じだ。

▶ A : Why don't you join us for the party?
　　（パーティこない？）
　B : I wish I could, but unfortunately I can't.
　　（行きたいなー、でも残念だけど行けないんだ）

の I wish I could, but という言い方は、いわば社交辞令である。〔ほんとはぜんぜん行きたくない〕ということもあるが、この心の声は押し殺されている。

　これは「つながり」志向の典型の一つである。「そうできたらいいんだけど」と心にもない（かもしれない）ことを言うのは、本当ならあなたと関わりをもっていたいのだが、できなくて残念！という「フリ」（タテマエ）であり、英語らしい丁寧な振る舞いである。

断ることそのものには、

▶ I will have to decline.
　（お断りせねばなりません）
▶ I'm going to have to say no.
　（ノーって言わなきゃだなあ）
▶ I think I'll pass.
　（パスしとくよ）
▶ I can't accept（your offer）.
　（受けられないんです）
▶ I can't take you up on it.
　（お付き合いできないんです）

などの表現がある。I will ／ I'm going to ／ I think I'll はそれぞれでだいたい使い回せる。
　勧められた食べものを断る時には、断るというよりも「好きではない」という言い方にすると、個人的な好みの問題として扱えるので、「個」の問題であり、相手は入り込む余地がないという想定に立てる。

▶ I don't like Chinese food.
　（中華料理は好きじゃないんです）

これもちょっとつっけんどんだと感じる場合には、

▶ I don't like Chinese food very much.

と very much を加えると「食べなくもないけど、でき
たら別のがいいなあ」という心の声が伝わるし、

▶ The thing is, I don't really like Chinese food.
　（実はねー、中華料理はちょっと苦手で）

という言い方をすると、柔らかに断ることができる。

▶ I don't think it's possible.
　（無理だと思います）

という断り方はちょっと冷たい感じがするが、

▶ I have to see what I can do.
　（できることを考えてみますね）

と言うとだいぶ相手に歩み寄っている感じがして「つな
がり」的だ。

フォーマルな断り
　かなり堅い言い方だが、フォーマルなメールなどで

▶ I must respectfully deny your request.
　（たいへん恐縮ですがお断り申し上げます）

という断り方をすることもある。前にも述べたが、相手
に対してはほとんど使われなくなった must を使うこと

で「あなたのリクエストを受け入れたい気持ちは山々なのですが、何かの理由があってお断りせざるを得ません」という残念な感じを演出している。ここで表現されるのは、〔嘘だけど、きちんと断っとかなきゃ〕という気持ちかもしれない。

カジュアルな断り——「つながり」志向の断り

　対面で、もう少しカジュアルな場面ではっきり断る時は、ちょっと断りのとげとげしさを弱める表現を入れたりする。とげとげしい断りは、対立を生みかねない。それを弱めるのは「つながり」志向だ。

▶ Unfortunately, I am going to have to pass.
　（残念だけど、パスだなー）
▶ If you need to buy tickets in advance I should probably decline.
　（前もってチケット買わなきゃならないなら、やめとくよ）

また、誘ってくれたことに感謝の言葉を言うのも「つながり」的である。

▶ Thank you for asking, but I don't think I can make it this time.
　（誘ってくれてありがとう。でも今回は無理かなあ）

　「本当はお誘いを受けたいんだけど」という気持ちを

表すのは「つながり」志向だ。本当だったらつながっていたいということになる。定型句はこの形だ。

▶ I'd love to, but ... ／ I'd like to, but ...
　(I'd = I would)

これらの定型句を使って、このような会話になる。

▶ A : I thought maybe we could grab some lunch.
　　　(ランチでも行こうかと思ってたんだけど)
　 B : I'd love to, but I can't. I'm in the middle of
　　　something at work.
　　　(いいね！　行きたいけど、ちょっといま立て込んでて無理なんだわ)

▶ A : Sure you won't come with me?（〔やっぱり〕一緒に行かない？）＊しつこく（笑）再度誘う言い方。
　 B : I'd like to, but I can't. I'll call you later.
　　　(行きたいけど、残念！　あとで電話するよ)

誘いに応じたいが、という気持ちがあるように言うのが「つながり」的だ。これは儀礼的でもあるので、誘った相手も、本心では別に乗り気じゃないんだろうな、と気づいていてもよい。それが大人の世界だ。
　先の I wish I could ...（そうできたらいいんだけど）も基本的には同じ原理である。「つながり」を保ちたい気持ちが伝わる（といい）。

誘いが魅力的だ、と伝えることも「つながり」的である。

▶ That sounds like so much fun! I really wish I could go with you, but I've got to finish this up.
（すごく面白そうだね！　ほんと一緒に行きたいんだけど、これ終わらせなきゃなんなくて）

　もう一言付け加えるのに「今回はだめだけど、次ね！」というのは誘いに乗る気が本当はあったということを伝えるのに大事な言い方だ。これも「つながり」志向である。ただし、何回も使うと本心がバレる。よく使うのは、

▶ Maybe next time!（次回はぜひ！）
▶ How about next week?（来週はどう？）

だ。もし、延期可能なら、と提案すると本当に誘いに乗りたかったことが伝わる。
　また「つながり」志向のいい表現がある。

▶ Can I get a rain check?
（直訳：振り替え券もらえるかな）

rain check は、雨で観戦予定の試合が中止になった時に、次回の試合の振り替えチケットをもらえたことから「今回はお誘いに乗れないけど、次の機会にお願いした

い」ことを意味するようになった。なんだか粋な表現だし、よく使われる。「今回は無理だけど、もう一度誘ってね」という「つながり」志向の表現だ。

　はっきりさせない（させられない）というのも場合によってはありうる。

▶ I'd like to, but I don't know.
　（行きたいんだけど、いまわかんなくて）

ここでも、最初に「そうしたいんだけど」と言っておく。こういう前置きは慣れないと（日本人は慣れてない人が多いかも）、すぐに出てこないかもしれない。英米文化ではすぐ出てくるし、こういうのに慣れている。それくらい「つながり」志向だということだ。

▶ I can't say for sure.
　（ちょっと今確かなこと言えないな）

というのもある。

▶ I'll think about it.（考えとくよ）

という言い方もあるが、気をつけなければならないのは、日本語で「考えておきます」というとだいたいＮＯという意味だが（英語圏にそう書いてある日本文化ガイドもある）、これは文字通り「考えてみる」と言っていることが多い。

258

▶ It's iffy.（ビミョーだなー）

という面白い言い方もある。iffy は if からきた言葉だ。
　お門違（かど）いだ、という断り方をしたり、そういうふりを
して断ることもあろう。そういう場合は、

▶ Unfortunately, I'm not the right person for that.
　（残念ながら、私はそれにはふさわしい人間じゃない
　ですよ）

という逃げ方もアリかもしれない。

きっぱり断る

　逆にきっぱり断る場合には、

▶ Not on your life.
▶ No way!
　（どちらも「まったく無理！」のような意味）

というような言い方がある。もっとも No way! は使い
勝手がよく、「まじか！」「ありえない！」とか「いいか
げんにしてよ」というような意味でも使う。
　いったん断ったのにしつこい場合は、

▶ No means no.
　（ノーはノーだよ）

という言い方があるが、親しい間柄だったり、親が子に言うような言い方だ。

　こうやってみると、本書でお話ししてきた英語の核心的タテマエ、コミュニケーション文化はいろんな表現やコミュニケーション行動に関わっていることがおわかりいただけたのではないかと思う。

　じつのところ、むしろ関わらないコミュニケーションはない、と言っても過言ではない。本章で挙げた言語行動以外にも関わっているはずなので、ぜひ思いをめぐらせていただきたい。

おわりに

　英語は人間の言語だ。コンピュータの言語（よく知らんが）のようにできているわけではない。意外とアバウトだったりするし、論理的とは言えなかったりするところもある。何より間接的な言い方が実は多いというところが英語の特徴であることは本書が示してきた通りである。コンピュータと違って文化を感じさせる。

　日本語もそうであるように英語も人間っぽい言語であり、長い歴史と文化が背後にある。ただ、その人間っぽさや文化が日本語と違うということなのだ。

　序章でも述べたが、英米と言ってもイギリスとアメリカでも違うし、その他の英米圏の国々でも違う。英米の国々もいわゆる多民族国家で、いろんな人たちがいる。それに日本人もそうであるように英米系の国々でも、同じグループとされるような人たちでも、人それぞれ個人差がある。

　ただ、ざっくり言ってアングロサクソンと呼んでいいような歴史と文化の根幹に骨太に英語という言語のコミュニケーション文化、「タテマエ」が背景にあることも確かだと思う。本書が論じたかったのはその部分である。したがって、本書の意図は、日本人とかアメリカ人とかをひとまとめにして扱おうというものではない。

　様々な英米系の国々の人たちと接していても、あるい

は日常、英米の映画、動画、小説、物語に触れていても、根本的なところで日本とは違い、かつそれが一貫して違うということを体感している人は多いのではないだろうか。本書がそのような人たちの謎へのひとつの解答であることを望む。楽しんでいただけたなら筆者としてこれ以上の喜びはない。

また本書は、日本、英米圏にかかわらず、コミュニケーション全般の話でもある。例えば、友だちを作るのが苦手な人はこの「つながり」と「独立」のバランスがうまくとれないことが多い。そういうコミュニケーションの原理としても読んでいただければ幸いだ。

本書でお話ししきれなかったことはたくさんある。あるいは、もっと詳しく論じたかったこともある。例えば、英語は日本語と比べても音声に依存する部分が大きいということだ。つまるところ、言い方次第では「独立」的になったり「つながり」的になったりすることがある。

時制・アスペクト（完了形とか進行形とか）など、文法的と思われる事柄が、コミュニケーションの文化に関わっていることももっと論じたかった。

また、英語の「独立」志向と日本の「エンパシー」志向を考えると、どうしても日本の教育についても考えないわけにはいかない。いつも思うのは、日本のコミュニケーション文化と日本の教育の不連続だ。

日本の親が小さな子どもに言って聞かせている言葉は（よく耳にするように錯覚するくらい典型的だと思うが）、「そんなことしたら○○ちゃんかわいそうでし

ょ？」「恥ずかしいよ」などだろう。かつてルース・ベネディクトが『菊と刀』の中で「罪の文化・恥の文化」という対立で論じた言葉を使うなら、日本は「恥の文化」である。人にどう思われるかが、しばしば行動指針になる。これは本書の視点で言えば、「エンパシー」的であるということになる。他者の立場に視点をおいてものを考えるということだ。言い方を変えれば、これは「思いやり」である。

　一方、英米の子育てでしばしば親が子供に言っているのは、「思っていること、考えていることを言葉にして言いなさい」ということだ。考えをきちんと言葉で説明するということは、「言わなくてもわかる」という以心伝心的なものとは対照的に、言葉がそれ自体客観的に見ることができるように「独立」的にふるまうことである。

　アメリカなどの幼稚園や小学校の主として低学年で、Show and tell という時間がある。その日の当番の子が家から好きなものなどを持ってきて、それについてみんなの前で話すという時間だ。こうして小さな頃から考えること、思うことを言葉にする訓練を叩き込まれる。

　ところで、そう考えると、日本の教育は、途中で断絶があるということになる。生まれて学校に上がるまでは、家庭で「言わなくてもわかりなさい」「人の気持ちをわかるようになりなさい」と叩き込まれる。ところが、学校に上がったとたん、今度は「言葉にしろ」と言われる。それが学校教育だ。

　英米は、この点において家庭の教育と学校の教育が連

続しているが、日本の場合、家庭で要求されていないことが学校で要求されることになる。

　加えて、学校に上がっても、「エンパシー」的コミュニケーションの文化と、言葉にするという「独立」的なコミュニケーションの文化の、いわばバイカルチュラルにならなければならない。

　「エンパシー」のほうを捨てるという選択肢もあるが、そのような日本的なものを捨ててよいかは社会の選択という面もあるし、捨てれば「最近の若いものは……」というそしりは覚悟せねばならない。もっともそのような選択は否応なしに迫られるかもしれないし、必ずしも間違った選択とは言えない。

　日本の英語教育はダメだダメだと言われつづけている。でも、本当のところは英語を身につけても、きちんと言いたいことが主張できるコミュニケーション力がなければダメだ、それこそが必要だなどとも叫ばれる。それはそれで正論だろう。しかし、「エンパシー」的ではない「自己主張」をする人を日本社会が受け入れる準備はあるのだろうか。「空気読めよ」ということが言えなくなる社会をよしとする覚悟があるだろうか。

　私は、それもいいと思う。ただ、日本的なコミュニケーションの文化を捨てるにはあまりに惜しいとも思う。この二つのバランスをとれる人材の育成を目指すことはできないものかと筆者などは日々考える。そうなれば、世界最強なんだがな（なにが、って感じですが、笑）とも思う。

　本書の話は学問的に大枠で言って、言語学のポライト

ネス研究と認知言語学という分野の枠組みに基づいている。ゴフマン（E. Goffman）やブラウンとレビンソン（P. Brown and S. Levinson）などが大元で、それを筆者流にかみ砕いて展開したものだ。

　また、人称については、本年お亡くなりになった鈴木孝夫先生の発想が出発点としてある。筆者の研究者としての礎を築いてくださった唐須教光先生にも感謝したい。また、本書で使われている例文や感覚的な説明は、慶應義塾大学大学院文学研究科博士課程の Ash Spreadbury 君にずいぶん助けてもらった。感謝したい。イギリスから私のところに研究しにきてくれたのは本当にうれしいことだ。本書でとりあげた例文は NHK E テレ『おもてなしの基礎英語』（2018年4月〜2020年3月）でとりあげたものもある。番組制作のスタッフでもあったミネソタ出身の Tom Kain さんからもたくさんのアイディアをいただいた。彼にも記して感謝したい。彼ほどうまく英語の細やかな意味あいを説明できる人には会ったことがない。

　最後に、本書を企画していただき、辛抱強く原稿を待って下さった筑摩書房の河内卓さん、山本拓さんにお礼を申し上げて本書をとじたい。

ちくま新書

1583

英語の思考法
話すための文法・文化レッスン

2021年7月10日　第1刷発行
2024年7月10日　第4刷発行

著者
井上逸兵
（いのうえ・いっぺい）

発行者
増田健史

発行所
株式会社筑摩書房
東京都台東区蔵前 2-5-3　郵便番号 111-8755
電話番号 03-5687-2601（代表）

装幀者
間村俊一

印刷・製本
三松堂印刷 株式会社

ちくま新書